THÉATRE

DE

LA JEUNESSE

ON TROUVE CHEZ LES MÊMES LIBRAIRES :

ÉDUCATION DES JEUNES FILLES

CONSEILS AUX MÈRES DE FAMILLE ET AUX INSTITUTRICES

PAR Mme CÉLINE FALLET.

Un beau volume in-12.

Corbeil, typ. et stér. de Crété.

THÉATRE
DE
LA JEUNESSE

SCÈNES MORALES

DESTINÉES AUX INSTITUTIONS DE DEMOISELLES

PAR

Mme CÉLINE FALLET.

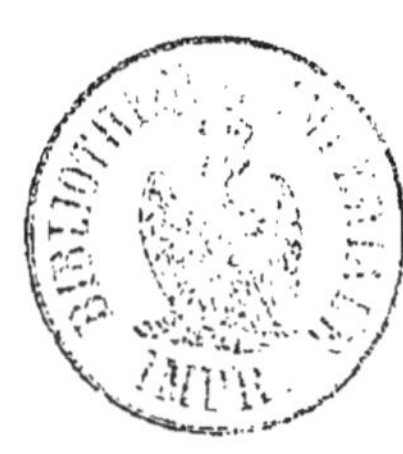

LIBRAIRIE CLASSIQUE DE PERISSE FRÈRES,

PARIS	LYON
NOUVELLE MAISON	ANCIENNE MAISON
RUE SAINT-SULPICE, 38	RUE MERCIÈRE, 49
ANGLE DE LA PLACE.	ET RUE CENTRALE, 60.

1858

L'ORGUEILLEUSE.

COMÉDIE EN UN ACTE.

PERSONNAGES.

La Comtesse de MONTBAR, } même personnage.
Mme HERBEAU, veuve d'un officier, }
Mme BERTIN, femme de l'intendant du comte.
ZOÉ, fille de Mme Bertin.
ADÈLE, sœur de Zoé.
MARIA, } cousines de Zoé et d'Adèle.
LÉONTINE, }
JEANNETTE, domestique.

L'ORGUEILLEUSE.

SCÈNE PREMIÈRE.

Mme BERTIN, ADÈLE.

ADÈLE, *avec humeur.*

Tu m'as fait appeler, maman, que me veux-tu donc ?

Mme BERTIN.

Ce que je veux, d'abord, c'est que tu quittes cet air maussade qui te va fort mal, je t'en avertis.

ADÈLE.

Le moyen de n'être pas maussade quand chacun semble se faire un plaisir de vous déranger à chaque instant ?...

Mme BERTIN.

Pourrais-je savoir de quelle occupation si grave et si pressante j'ai eu le malheur de distraire ma fille ?

ADÈLE.

J'étais à mon piano. Je répétais le duo que je dois exécuter avec Maria quand les maîtres de ce château reviendront l'habiter, et je t'avoue, maman, que je quitte toujours à regret cette étude pleine de charme.

Mme BERTIN.

Étude à laquelle le désir de briller te porte à t'appliquer plus qu'à toute autre.

ADÈLE.

Ne vas-tu pas maintenant me reprocher cette application ? Flattez-vous donc de contenter vos parents !...

Mme BERTIN.

Tu sais fort bien ce que je veux te dire, Adèle, et je n'en demande pas d'autre preuve que ta rougeur et l'embarras que tu éprouves en te voyant si bien devinée.

ADÈLE.

Mais je t'assure, maman, que si je travaille, c'est surtout pour profiter des sacrifices que tu t'imposes, en nous faisant donner, à ma sœur et à moi, une éducation soignée. Et c'est parce que j'ai tant à cœur de réussir que je ne puis souffrir qu'on m'interrompe au milieu d'une étude commencée.

Mme BERTIN.

Même quand c'est votre mère qui désire vous parler. Désormais je le saurai. Retournez à votre piano, Adèle, et veuillez me faire avertir lorsque vous serez prête à m'entendre. Ou plutôt, épargnez-vous cette peine, je n'ai plus rien à vous dire. Il vaut mieux que je m'adresse à votre sœur... Oui, décidément, cela vaut mieux.

ADÈLE.

Si je t'ai fait de la peine, maman, je t'en demande pardon. Je me serai mal exprimée. Je suis très-heureuse de ce que tu veuilles bien disposer de moi et je suis prête à faire tout ce qu'il te plaira.

Mme BERTIN.

Si c'est là ce que tu voulais dire, ma fille, je suis forcée de convenir que tu t'es fort mal exprimée et je t'engage à veiller à ce que tes paroles rendent un peu mieux tes pensées.

ADÈLE.

Tu as donc quelque chose d'important à nous confier, chère maman, soit à Zoé, soit à moi? Tu sais bien que je suis l'aînée et que, quand il s'agit de la confiance de ma bonne mère, je suis très-jalouse de mes droits. Est-ce une bonne nouvelle que tu veux nous apprendre?

Mme BERTIN.

Je ne sais. Tu vas en juger. Je viens de recevoir une lettre de ton père: il m'annonce que

M. le comte reviendra dans huit jours et passera ici la belle saison.

ADÈLE.

Cette nouvelle est plutôt bonne que mauvaise ; n'est-ce pas ton avis, maman ?

Mme BERTIN.

Jusque-là, oui. Mais de plus, M. le comte, satisfait de la gestion de ton père, double ses appointements.

ADÈLE.

C'est de mieux en mieux.

Mme BERTIN.

Et comme il n'a pas d'enfants, il veut adopter notre fille aînée.

ADÈLE.

M'adopter ? moi... Ah ! mon Dieu, que je suis heureuse ! Fille adoptive du comte de Montbar..... Je deviendrai à mon tour comtesse, duchesse peut-être... Quelle espérance !... Mais, maman, pourquoi cet air triste et soucieux, quand nous avons tant à nous réjouir ?

Mme BERTIN.

Comment pourrais-je me réjouir d'un événement qui, en changeant ta fortune, ne fera qu'augmenter ton orgueil ? Il y a longtemps, ma fille, que je cherche à te corriger de ce défaut qui efface toutes tes bonnes qualités, te rend à charge à ceux qui vivent avec toi et ne pourra manquer de faire ton malheur, si mes leçons restent aussi infructueuses qu'elles l'ont été jusqu'à ce jour.

ADÈLE.

Maman, tu t'exagères mes défauts et souvent je ne puis m'empêcher de penser que tu ne m'aimes pas. Zoé seule est l'objet de ta tendresse... Pourtant je ne vois pas en quoi elle la mérite plus que moi.

Mme BERTIN.

Ah! mon enfant, cette accusation que tu oses porter contre ta mère, me prouve de plus en plus combien l'orgueil te rend aveugle et injuste. Tu m'affliges cruellement ; mais je te le pardonne. Assez d'autres, hélas ! te refuseront leur indulgence. Mais dis-moi, ma fille, que tu ne te crois pas privée de mon amour ; car tu serais trop ingrate si tu pouvais oublier toutes les preuves que je t'en ai données.

ADÈLE.

Je sais bien que tu as toujours été bonne pour moi ; mais pourquoi tant de sévérité dans tes jugements, pourquoi toujours des réprimandes, pourquoi enfin de si sombres pensées, de si tristes prévisions au moment où l'avenir s'ouvre devant moi si riant et si beau ?

Mme BERTIN.

Je te l'ai déjà dit : c'est précisément parce que je t'aime. Mais tu ne peux pas, ou tu ne veux pas me comprendre. Laissons donc ce sujet. Je ne t'ai pas fait connaître encore tout ce que contient la lettre de ton père.

ADÈLE.

Que dit-elle donc encore, cette chère lettre ? De grâce, maman, achève-la.

Mme BERTIN.

Ton père ajoute que des raisons graves exigent que je me rende promptement auprès de lui. Je partirai dans une heure et je te remettrai mon autorité, d'après la recommandation expresse qu'il m'en fait.

ADÈLE.

Tu peux être persuadée que je n'en abuserai pas.

Mme BERTIN.

Je le désire, ma fille, et je l'espère, puisque tu me le promets. Plusieurs personnes viendront sans doute te demander des nouvelles de M. le comte ; dis-leur que dans huit jours il sera ici et qu'il y revient plus préoccupé que jamais des intérêts de la population, qui le regarde déjà comme son bienfaiteur. Quant à ce qui te concerne, il faut le taire.

ADÈLE.

Il est inutile de me le recommander, maman. Je sais que je ne dois compte à personne de mes espérances ni de mes projets.

Mme BERTIN.

Surtout, ma fille, point de hauteur, rien ne nous nuit plus dans l'esprit et dans le cœur de ceux qui nous approchent qu'une fierté déplacée ; je te l'ai dit mille fois, c'est le moment de te le rappeler.

ADÈLE.

Sois tranquille, maman, je m'en souviendrai. Mais à qui penses-tu que je puisse avoir à répondre ?

Mme BERTIN.

Peut-être à des voisins de campagne du comte, peut-être à quelques-uns de ses fermiers. D'ailleurs, que t'importe ! Il est si facile d'être bonne et polie. Adieu, mon enfant, je vais embrasser ta sœur et je partirai aussitôt.

ADÈLE.

Laisse-moi t'accompagner jusqu'à la voiture.

Mme BERTIN.

Non. Je suis obligée de passer chez ta tante et tu ne dois pas quitter la maison, puisque tu ne veux pas que je charge Zoé de m'y remplacer.

Pour que tu ne t'ennuies pas, je t'enverrai tes cousines et tu pourras, chère Adèle, répéter ton duo avec Maria. Adieu !

ADÈLE.

Adieu donc, maman !

Mme BERTIN.

Je reviendrai ce soir. Fais en sorte que je sois contente de ta conduite. Il est important pour toi de ne pas abuser de l'autorité que je te confie.

SCÈNE II.

ADÈLE, *seule.*

Que de recommandations !..... Vraiment c'est insupportable..... Ne dirait-on pas que je suis une enfant à laquelle il faut dire sans cesse : Prends garde ; le feu brûle, le couteau coupe... Quel esclavage !..... Allons ! patience, pauvre Adèle !... Bientôt vous serez délivrée de ce joug !... Vous ne serez plus traitée en petite fille. Chacun vous fera la révérence, et quand vous passerez le dimanche au village, en vous rendant à la messe, on admirera votre riche toilette, votre gracieuse tournure et votre jolie figure..... Et tout cela n'est rien encore. Vous deviendrez comtesse, marquise ; car le comte vous dotera magnifiquement..... Vous aurez des valets, un hôtel splendide, un équipage, des diamants.....

Quel bonheur ! Enfin vous serez maîtresse. Vous ne serez plus obligée d'écouter, en vous mordant les lèvres, d'interminables sermons. Vous serez maîtresse et l'on s'en apercevra... Il faudra bien que tout obéisse aux caprices de madame : les domestiques, les enfants et monsieur lui-même... Puis j'aurai une société brillante à Paris... Oui, à Paris... La province est détestable. Je n'y puis vivre. Il me faut un théâtre plus vaste. D'ailleurs, à la campagne, vous êtes sans cesse obsédée par ces lourds paysans dont l'orgueilleuse susceptibilité ne peut souffrir le moindre mépris. Comme s'il y avait entre eux et nous quelque chose de commun... En vérité, cela fait pitié. — Mais que dites-vous donc, Adèle ? Si votre mère vous entendait, quel long discours elle vous ferait sur la vanité des rangs que la fortune seule établit; comme elle vous débiterait d'un ton doctoral ces grands mots que tout le monde sait et dont personne ne se soucie : La vertu seule élève l'homme. Je le dis aussi, moi, s'il ne faut que le dire ; mais franchement je ne le pense pas. J'entends du bruit... Prenons un livre... On ne vient pas, je m'étais trompée... Comment M. le comte a-t-il pensé à moi ?... Il m'a vue à peine et je ne me rappelle lui avoir parlé que deux ou trois fois... Eh bien ! après ?... Cela n'en est que plus flatteur pour moi et pour lui... Pour moi qui ai si vite gagné sa bienveillance; pour lui qui a si promptement su m'apprécier.

SCÈNE III.

ADÈLE, et ZOÉ.

ZOÉ.

Adèle, maman est partie, elle m'a dit de venir te trouver; elle désire que nous travaillions ou que nous jouions ensemble.

ADÈLE.

Que dites-vous, ma petite sœur? Vous avez mal entendu ce qu'a dit maman ou je vous ai mal comprise. Vous voulez jouer avec moi ? L'idée est plaisante. Est-ce qu'on joue encore, à mon âge?

ZOÉ.

A ton âge? Mais tu as donc bien vieilli cette nuit; car hier tu n'avais que quatorze ans et tu t'es encore amusée pendant une heure au moins avec Léontine et Maria.

ADÈLE.

Je me suis amusée hier? c'est possible. Mais puisque vous avez si bonne mémoire, ma petite Zoé, vous devriez vous rappeler le proverbe: *Les jours se suivent et ne se ressemblent pas.*

ZOÉ.

Voyons, Adèle, ne prends pas ton grand air;

sois indulgente, sois bonne et dis-moi pourquoi tu ne veux pas jouer.

ADÈLE.

Puisque tu m'en pries si bien, je vais te le dire. Je ne veux pas jouer parce que je suis occupée de projets importants.

ZOÉ.

De projets importants ! Conte-moi donc cela, ma bonne Adèle, pour que je puisse m'en occuper avec toi. Parle, je suis tout oreilles.

ADÈLE.

Vous êtes trop curieuse, ma chère enfant, vous ne saurez rien.

ZOÉ.

Et si je t'en priais bien encore cette fois; dis, est-ce que je n'obtiendrais rien ?

ADÈLE.

Rien, je t'assure. Tout cela est trop sérieux pour que je puisse t'en parler.

ZOÉ.

Tu m'effraies. Eh bien ! ma bonne sœur, dis-moi seulement si les choses dont il s'agit t'affligent, ou si elles sont de nature à causer quelque chagrin à nos parents ? Mes questions s'arrêteront là.

ADÈLE.

Rassure-toi : ce qui me préoccupe ne peut nous

causer à tous que de la joie. Cela doit te suffire. Laisse-moi donc et prends ton ouvrage.

ZOÉ.

Volontiers, et puisque tu veux lire, je ne te parlerai plus. J'aime à causer, je l'avoue ; mais tu verras si je sais m'imposer une contrainte pour te faire plaisir.

ADÈLE.

Ce silence te coûtera donc beaucoup !

ZOÉ.

Tu me citais tout à l'heure un proverbe, je te répondrai par un autre : *Plus de peine, plus de mérite.*

ADÈLE.

Je te délie de ton engagement ; car j'entends la voix de mes cousines.

ZOÉ.

Oui, oui, ce sont elles. Quel bonheur !

SCÈNE IV.

ADÈLE, ZOÉ, MARIA, LÉONTINE.

MARIA.

Oui, c'est nous, mes bonnes amies. Ma tante nous a envoyées auprès de vous.

ZOÉ.

Et elle a bien fait, car nous ne pouvions en son absence trouver une distraction plus agréable.

LÉONTINE.

Qu'allons-nous faire d'ici au soir ? Car nous avons congé jusqu'au retour de ma tante. Il s'agit de nous entendre tout de suite afin de ne pas perdre une minute de ce temps précieux.

ADÈLE.

Tu peux jouer avec Zoé, si tu le veux, Léontine, pendant que Maria et moi nous étudierons notre duo.

ZOÉ.

Vous étudierez plus tard. Restons d'abord un peu toutes ensemble. C'est à peine si ces demoiselles sont arrivées.

ADÈLE.

Tu as raison, ma sœur. Mais maintenant je suis libre et plus tard peut-être je ne le serai plus. Car, avant de partir, maman m'a chargée de la remplacer au besoin et m'a confié toute son autorité.

MARIA.

Et tu t'en es chargée?

ADÈLE.

Sans doute : d'abord je suis charmée d'être utile à maman ; puis je veux bien vous avouer que je ne suis pas trop fâchée d'essayer un peu ce rôle de maîtresse qu'on aime tant à jouer.

MARIA.

Je crois que ce n'est pas tout le monde. J'ai souvent entendu maman dire qu'il est plus facile d'obéir que de commander.

ADÈLE.

Et tu n'as pas compris tout de suite qu'elle ne le disait que pour t'adoucir ce que l'obéissance a de pénible. Tu es encore bien enfant si tu crois tout ce que te dit ta mère.

MARIA.

Pourquoi donc en douterais-je ? A-t-on quelque guide plus sûr, peut-on trouver quelque meilleure amie que sa mère ?

LÉONTINE.

Ne pas croire ce que dit ma mère me semblerait un grand malheur. Ne pas faire ce qu'elle me commande me paraîtrait un crime.

ADÈLE.

Quelle exagération !

LÉONTINE.

Mais non, Adèle, ce n'est pas une exagération. Je dis ce que je pense.

ZOÉ.

Quant à moi, il me semble que Léontine a raison.

ADÈLE.

Sans doute ; quand vous ne seriez de son avis que pour me donner tort. Cela n'a rien qui doive m'étonner ; j'y suis depuis longtemps habituée.

MARIA.

Voyons, Adèle, causons sans nous fâcher.

ADÈLE.

Me fâcher, par exemple ! Je suis bien trop au-dessus de toutes ces misères, l'avenir vous le prouvera. Dites donc tout ce que bon vous semblera.

MARIA.

Puisque tu y consens, je tiens à justifier ce que Léontine et moi nous avons dit et à te prouver que nous n'avions nullement l'intention de te contrarier. Nous écoutons ce que nous dit notre mère parce que nous savons que personne ne nous aime plus qu'elle.

LÉONTINE.

C'est vrai. Et il faudrait être si ingrates pour

oublier tout le mal que nous lui avons causé, que cette pensée seule suffirait pour nous rendre bonnes filles.

MARIA.

Qui a fait plus pour nous que notre mère? Que de larmes elle a versées auprès de notre berceau, larmes souvent de joie et d'amour, mais plus souvent encore d'inquiétude et de douleur! Avec quelle tendresse elle a cherché à éclairer notre intelligence, à pénétrer notre cœur de ses douces leçons ! Quelle joie elle éprouvait en nous y voyant dociles ! Comme elle nous comblait de caresses, comme elle était heureuse et fière quand nous avions fait quelque chose de bien ! Comme aujourd'hui encore elle veille sur nous, nous offre les conseils de son expérience et nous conduit, par la main, dans ce chemin que nous ne connaissons pas encore et qu'on appelle la vie. Une mère, c'est la providence de sa fille, c'est son ange tutélaire. Aussi ne croirai-je jamais un instant qu'elle puisse songer à la tromper.

ADÈLE.

Quel feu, quelle éloquence ! Tu m'en vois toute saisie... Qui donc t'a appris à peindre si bien les bontés et l'amour d'une mère?

MARIA.

C'est mon cœur, et le tien, j'en suis sûre, n'a pas d'autre langage.

ZOÉ.

Je t'en réponds, chère Maria. Adèle aime à contredire et à railler; mais elle est cent fois meilleure qu'elle ne veut le paraître. Est-ce vrai, petite sœur? (*Elle lui prend la main.*)

ADÈLE.

Quelquefois. Ainsi j'avoue que Maria a raison. On doit aimer tendrement sa mère, mais avouez à votre tour qu'il est bien permis de ne pas faire tout ce qu'elle commande. Les mères oublient qu'elles ont été jeunes, et elles sont vraiment d'une exigence...

LÉONTINE.

Pourtant, si notre mère nous aime, si tout ce qu'elle veut est pour notre bien, notre devoir est de lui obéir en tout, et nul prétexte ne peut nous en dispenser. C'est du moins mon avis, et, j'en suis certaine, celui de Maria et de Zoé.

ADÈLE, *bâillant.*

Ah! mon Dieu! quelle conversation agréable... (*Elle reprend son livre.*) Excusez-moi de n'y pas prendre part plus longtemps. Je me reconnais incapable de tenir tête à des personnes qui se flattent de réunir les charmes de la jeunesse et la sagesse de l'âge mûr. Je les remercie humblement des leçons qu'elles m'ont données et je les supplie d'attendre, pour m'en adresser d'autres, que j'aie profité de celles-là.

MARIA.

Adèle, tu te moques... Tu sais bien que nous n'avons jamais eu de si ridicules prétentions et que ce n'est pas à toi que nous voudrions donner des leçons. J'ai un an de plus que toi, il est vrai, mais je sais que tu es beaucoup plus raisonnable et plus instruite que moi.

ZOÉ.

Tu n'as pas besoin de te justifier; nous te connaissons trop bien, et tu peux être sûre qu'Adèle ne t'en veut pas. Ainsi parlons d'autre chose.

ADÈLE.

Cela vaudra mieux, car ce sont là de bien graves sujets. Causons de toilette. Rien ne plaît aux jeunes filles comme les détails de leur parure. Les fleurs, les rubans, les chiffons, les dentelles, tout cela est charmant, tout cela me tourne la tête. Comment serez-vous mises pour la réception de M. le comte? Vous savez qu'il y aura grande réjouissance.

MARIA.

Nous le savons, mais nous n'avons pas encore pensé à notre toilette. Heureusement ce sera bientôt fait. Nos robes blanches sont encore très-fraîches, et à cette saison les fleurs ne manquent pas dans nos jardins.

ADÈLE.

Fi donc! des robes si simples et des fleurs naturelles... Vous serez mises tout à fait à la paysanne. Moi, je veux mieux que cela. J'y rêve depuis un mois, quoique je ne sache que d'aujourd'hui que cette fête aura lieu sitôt. J'ai d'ailleurs mes raisons pour désirer d'y paraître avec avantage.

ZOÉ.

Ce serait là l'occasion de te faire encore un fameux sermon, qu'en dis-tu, chère Adèle? Et si ta petite sœur était méchante, elle te rappellerait bien vite ce que dit souvent sa bonne mère : Une jeune fille ne doit être parée que de modestie et de bonté.

SCÈNE V.

LES MÊMES, JEANNETTE.

JEANNETTE.

Mam'selle Adèle, v'là une dame qui demande à vous parler.

ADÈLE.

Son nom?

JEANNETTE.

Dam' ! je ne le lui ai pas demandé; mais à sa tournure elle me fait l'effet d'être Mme Herbeau.

ADÈLE.

Qu'est-ce donc que madame Herbeau ?

JEANNETTE.

C'est la veuve d'un officier. On dit qu'elle a été riche autrefois, la chère dame, mais il n'y paraît plus guère. Elle s'est retirée dans un village voisin de celui-ci ; elle y vit très-pauvrement, et je me suis laissé dire qu'elle désire beaucoup l'arrivée de M. le comte.

ADÈLE.

Cela suffit : c'est une solliciteuse. Je ne hais rien tant que ces sortes de gens.

MARIA.

Madame Herbeau est une femme de mérite ; j'en ai entendu parler avec éloge. Elle a de l'esprit, des talents et un courage que les plus grands malheurs n'ont pu abattre.

ADÈLE.

N'importe, elle est ruinée, ses jérémiades me fatiguent d'avance... Je ne veux pas la recevoir.

ZOÉ.

Tu ne peux la congédier ainsi, ma sœur, puisque tu t'es engagée à répondre, en l'absence de maman, à tous ceux qui se présenteraient. Mais s'il t'est par trop pénible d'écouter les plaintes de cette dame, je m'en chargerai.

ADÈLE.

J'y consens et je me retire. Venez-vous, mesdemoiselles ?... (*A Zoé :*) Je te souhaite beaucoup de plaisir. (*Adèle, Maria et Léontine sortent.*)

SCÈNE VI.

ZOÉ, LA COMTESSE DE MONTBAR, *se faisant appeler* Mme HERBEAU.

La comtesse est richement vêtue, mais couverte d'un châle commun qui cache entièrement sa toilette. Elle porte un chapeau fané, passé de mode, et un voile qu'elle tient baissé.

LA COMTESSE, *faisant une profonde révérence.*

Mademoiselle est la fille aînée de M. Bertin, l'intendant de ce château.

ZOÉ.

Non, madame, ma sœur aînée étant occupée en ce moment, m'a chargée de la remplacer auprès de vous. (*Elle avance une chaise.*) Veuillez prendre la peine de vous asseoir, madame.

LA COMTESSE, *s'asseyant.*

Pourriez-vous me dire, mademoiselle, quand arrivera M. le comte ?

ZOÉ.

Dans huit jours, madame, nous le reverrons au

milieu de nous. Ce sera le sujet d'une grande joie dans ce village.

LA COMTESSE.

Oui : M. de Montbar sait que la bonté seule peut gagner les cœurs, que seule elle donne la vraie supériorité.

ZOÉ.

Il faut, comme nous, avoir vu de près cette famille, il faut en avoir été, comme nous, comblés de preuves d'intérêt et d'affection, pour savoir tout ce qu'il y a de noblesse et de générosité dans l'âme du comte et dans celle de la comtesse. Aussi offrons-nous chaque jour à Dieu pour eux les vœux les plus ardents.

LA COMTESSE, *à part*.

Aimable enfant! Quel bon cœur! Elle m'attendrit. (*Haut.*) Je vous remercie, mademoiselle, de ces bonnes paroles. Elles m'enhardissent à m'adresser à monsieur le comte. Je ne suis pas de ce pays, je n'ai pas l'honneur d'être connue de M. de Montbar, et, bien qu'on m'y eût engagée, je n'osais... Il est des choses si pénibles à dire... surtout quand on a été élevée dans l'aisance, presque dans le luxe... Vous ne pouvez pas comprendre cela, mademoiselle.

ZOÉ.

Je suis bien jeune, madame, il est vrai. Mais j'ai

bien des fois entendu dire par mon père que personne mieux que M. le comte ne sait compatir à une noble infortune, et que, quand il a le bonheur d'en rencontrer quelqu'une à soulager, celui qui accepte ce qu'il sait si bien offrir est le bienfaiteur, et M. de Montbar l'obligé.

LA COMTESSE.

S'il en est ainsi, je regrette vivement qu'il ne soit pas encore de retour, car je ne pourrai revenir avant un mois.

ZOÉ.

Si je ne craignais d'être indiscrète, je vous offrirais, madame, de lui parler de votre visite.

LA COMTESSE.

Avez-vous donc quelque pouvoir sur M. de Montbar?

ZOÉ.

On est toujours sûr d'en être bien accueilli quand on lui propose du bien à faire, et comme il est assez bon pour oublier parfois la distance qui nous sépare de lui, il me serait facile de lui parler.

LA COMTESSE.

Eh bien ! mademoiselle, je profiterai de votre obligeance, et je vous en remercie de tout mon cœur. Mais ne me serait-il pas possible de voir, un instant, mademoiselle votre sœur ?

ZOÉ.

Pardon, madame, je vais l'appeler.

LA COMTESSE.

Revenez avec elle, je vous en prie. (*Zoé sort.*)

SCÈNE VII.

LA COMTESSE, *seule.*

Cette jeune fille est charmante. De la discrétion, de la bonté, de la modestie. Elle me plaît beaucoup. Si sa sœur lui ressemble, Mme Bertin est une heureuse mère. Nous le saurons bientôt, car les voici.

SCÈNE VIII.

LA COMTESSE, ADÈLE, ZOÉ.

LA COMTESSE.

Mademoiselle, vous étiez occupée... Pardonnez-moi de vous déranger.

ADÈLE, *avec hauteur.*

Ce n'est pas pour longtemps, sans doute?

LA COMTESSE.

Non, mademoiselle. Dites-moi, je vous prie, si je pourrais espérer le succès d'une pétition que je voudrais vous supplier de remettre à M. le comte.

ADÈLE.

Je n'ai jamais rien sollicité pour moi; mais je me suis rendue souvent l'avocate des pauvres.

LA COMTESSE.

Cela fait l'éloge de votre cœur.

ADÈLE.

Puisque vous tenez à savoir mon avis, je vais vous le dire. Il est à croire que votre demande, si elle n'était point appuyée, éprouverait un refus; mais je suis très-liée avec la famille de Montbar, et si vos réclamations sont légitimes, je vous offre ma protection. Quant à m'employer pour une cause injuste, je ne le ferai jamais.

LA COMTESSE.

Mademoiselle fait preuve de nobles sentiments.

ADÈLE.

Une âme bien née ne peut en avoir d'autres. Madame veut-elle me faire connaître le sujet de sa requête?

ZOÉ, *à Adèle.*

Prends garde, Adèle, tu fais une question indiscrète.

ADÈLE, *à demi-voix.*

Allons donc! Elle a besoin de moi. Qu'ai-je à ménager?

ZOÉ, *de même.*

Tu oublies le respect qu'on doit au malheur.

ADÈLE, *bas.*

Tais-toi. (*Haut.*) Eh bien ! madame, où est ce papier ?

LA COMTESSE.

Mademoiselle, vous me mettez dans un grand embarras. Il s'agit d'une affaire qui... d'une affaire que...

ADÈLE.

J'entends, madame, je ne suis pas digne de votre confiance.

LA COMTESSE.

Vous vous méprenez, mademoiselle. Je voulais dire seulement que cette affaire ne me concernant qu'indirectement, je ne puis confier un secret qui n'est pas le mien.

ADÈLE.

On sait ce que vaut cette prétendue délicatesse. S'il faut vous prier, madame, pour obtenir la grâce de vous être utile, vous pouvez chercher quelque personne qui y soit plus disposée que moi. (*Elle lui tourne le dos.*)

LA COMTESSE.

Mademoiselle croit donc que ma demande

resterait sans effet si, en la remettant à M. le comte, elle en ignorait le contenu?

ADÈLE.

Je ne vous ai laissé aucun doute à cet égard. Un homme aussi haut placé que M. de Montbar ne peut écouter la demande du premier venu ; il faut donc que quelqu'un qu'il estime et qu'il affectionne prenne à cœur les intérêts de cet inconnu, et je ne me hasarde point à dire ce que je ne sais pas. Mais votre discrétion est inutile ; car je devine parfaitement ce que vous venez solliciter. Votre embarras me l'annonce autant que vos vêtements qui datent presque d'un demi-siècle. C'est un secours d'argent ou, pour m'exprimer plus noblement, c'est une pension.

LA COMTESSE, *relevant son voile et laissant tomber son vieux châle.*

Vous êtes dans l'erreur, mademoiselle, il s'agit de toute autre chose. Je veux prier M. le comte de me laisser, moi qui ai l'honneur de vous avoir pour protectrice, assurer le sort d'une jeune fille aimable et bonne.

ADÈLE.

La comtesse!... Ah ! mon Dieu !... Qu'ai-je fait?

ZOÉ.

Madame de Montbar... Quelle surprise !...

LA COMTESSE.

Venez, ma chère Zoé, c'est vous qui serez ma fille. Votre heureux caractère, que cette leçon rendra meilleur encore, vous fera chérir, et puisque vous connaissez les égards qu'on doit au malheur, vous saurez faire du bien à ceux qui dépendront un jour de vous. (*A Adèle.*) Tout ceci, mademoiselle, n'était qu'une épreuve. Je voulais savoir laquelle de vous deux serait la plus digne de mon affection, et vous adopter l'une et l'autre si vous la méritiez également. Votre orgueil vous a fait tomber dans mille fautes, Adèle : vous avez été injuste envers celui que vous deviez regarder comme votre bienfaiteur, vous avez été curieuse, impolie et cruelle. Reconnaissez vos torts et cherchez à les réparer. Et vous, Zoé, venez, ma chère enfant, je veux demander à votre mère la permission de ne plus me séparer de vous.

ZOÉ.

Ah ! madame, vos bontés peuvent-elles me rendre heureuse ? (*Elle montre Adèle.*) Ma sœur...

LA COMTESSE.

Votre sœur ? Que le repentir et des efforts soutenus effacent sa faute... Alors, peut-être, je lui pardonnerai.

ADÈLE.

Ah ! madame, quelle cruelle leçon !...

SCÈNE IX.

LES MÊMES, Mme BERTIN, MARIA, LÉONTINE.

ADÈLE, *courant à sa mère.*

Maman, maman !... Que je suis malheureuse !

Mme BERTIN.

Je sais tout, mon enfant, et je te plains. Mais il ne tient qu'à toi que ce jour qui te semble si funeste soit un des plus beaux de ma vie. J'ai bien des fois déploré ton orgueil, j'en ai cruellement redouté les suites. Travaille à t'en corriger, acquiers les vertus qui ont gagné à ta sœur l'affection de madame la comtesse, et je n'aurai rien à regretter.

ADÈLE.

Que vous êtes bonne de chercher à me consoler ! Ah ! maman, j'ai été bien ingrate envers vous, je le reconnais. J'ai oublié vos conseils, j'ai méprisé vos leçons. J'en suis bien sévèrement punie, pardonnez-moi.

Mme BERTIN.

Une mère pardonne toujours ; car elle aime son enfant plus qu'elle-même.

LÉONTINE.

Vois-tu que nous avions raison ?

MARIA.

Tais-toi donc, Léontine. Est-ce que tu voudrais faire de la peine à Adèle ?

ADÈLE.

Oui, Maria, Léontine et toi vous aviez raison. Je m'en aperçois trop tard.

LA COMTESSE.

Il n'est jamais trop tard pour se repentir et se corriger. J'accueille donc avec joie l'espoir de vous voir devenir douce et modeste. Car, sachez-le bien, mon enfant, ces éloges : elle est belle, elle est riche ! sont souvent faux et toujours frivoles. Mais cette simple parole : elle est bonne ! est pour la jeune fille qui l'a méritée le témoignage le plus flatteur.

FIN DE L'ORGUEILLEUSE.

LE TESTAMENT DE L'ONCLE.

COMÉDIE EN UN ACTE.

PERSONNAGES.

Mme BELMONT.

LOUISE, } ses petites-filles.
AMÉLIE, }

MATHILDE, amie de Louise.

Mme DUVAL.

MARIE, sa nièce.

LE TESTAMENT DE L'ONCLE.

SCÈNE I.

LOUISE ET MATHILDE.

LOUISE.

Tu crois donc, Mathilde, que, pour quarante francs, je pourrais avoir une robe comme celle que tu viens de me montrer ?

MATHILDE.

Sans doute. La mienne en coûte cinquante ; mais tu brodes à merveille, et puisque je m'engage à te procurer les dessins, rien ne t'empêche de te charger de ce travail qui diminuera de beaucoup la dépense à faire ; car je devine que tu n'es pas bien riche, ma chère Louise.

LOUISE.

Tu as raison. Ma bourse ne contient que deux pièces de vingt francs et quelque menue monnaie ; cela t'étonne, n'est-ce pas ? toi qui as toujours à ta disposition de quoi satisfaire toutes tes fantaisies.

MATHILDE.

Tu te trompes, Louise, je suis bien plus pauvre que toi, puisque j'ai des dettes ; j'ai été obligée de prier maman de m'avancer la moitié du mois qui commence, ce qui m'a valu un long sermon sur l'ordre et l'économie auxquels il importe qu'une jeune fille s'habitue. Crois bien que, s'il en était autrement, je ne te laisserais pas dans l'embarras. Mais c'est entendu : tu broderas ta robe, et tes petites épargnes suffiront pour la payer.

LOUISE.

La broder ? Y penses-tu ? Elle ne serait pas faite pour la soirée de Mme de Verneuil et je tiens beaucoup à y paraître convenablement.

MATHILDE.

Cette soirée aura lieu dans huit jours. Si, d'ici là, je t'aidais, nous aurions fini, peut-être.

LOUISE.

Oh ! non, Mathilde, non, c'est impossible. L'étoffe n'est pas encore achetée ; à supposer qu'elle le soit ce soir, je ne pourrai commencer d'y travailler que demain, et seulement en l'absence de grand'-maman. Puis il faut au moins un jour à l'ouvrière pour la faire et la garnir... Tu vois bien que cela ne se peut pas.

MATHILDE.

Eh bien ! écoute, nous prendrons la mousseline un peu moins fine, mais tout aussi claire, nous choisirons une broderie un peu plus légère et non moins jolie et nous ferons en sorte de ne pas aller au delà de nos finances.

LOUISE.

Je te le recommande ; car je n'aurais pas la ressource d'emprunter à bonne maman.

MATHILDE.

Je sais cela. Sois tranquille, tout ira bien, et dimanche chacune de ces demoiselles enviera ta jolie toilette.

LOUISE.

Oh ! je ne demande pas qu'on me porte envie, ni qu'on m'admire, je te l'assure ; mais je ne veux pas non plus qu'on me raille, et j'ai cru remarquer que quand maman m'a laissée aller, il y a deux mois, chez ma tante, qui donnait une petite fête, ma robe blanche tout unie et ma coiffure sans ornement ont été l'objet de la critique de plusieurs jeunes filles.

MATHILDE.

On n'a pu se moquer de toi, car, avec cette simple toilette, tu étais charmante ; mais une mise plus élégante te siérait encore mieux. Cette grande simplicité convient à des enfants ; nous sommes des jeunes filles et un peu de coquetterie doit nous être permise.

LOUISE.

Bonne maman dit que je ne suis pas du tout jolie, et elle assure que, quand je le serais, elle ne me blâmerait pas moins de prendre ce qu'elle appelle des airs ridicules et affectés.

MATHILDE.

Ta pauvre grand'mère ne connaît rien à la mode; elle voudrait te voir te présenter dans un salon comme s'y montrait jadis, au sortir du couvent, une jeune demoiselle bien droite, bien roide, à la tenue et à l'air bien compassés, avec une robe sans plis et des souliers à hauts talons.

LOUISE.

Oh ! non, maman ne veut pas que je suive des modes passées depuis longtemps, elle ne veut pas que ma toilette se fasse remarquer par quelque singularité que ce soit ; mais elle déteste la vanité et en redoute pour moi les résultats.

MATHILDE.

Écoute, que je te dise cela bien bas : elle radote, ta grand'maman. Je te demande s'il est raisonnable d'empêcher une jeune fille de seize ans d'aller en soirée...

LOUISE.

J'y vais quelquefois.

MATHILDE.

Oui, mais ne faut-il pas croix et bannière pour obtenir de la chère dame une telle permission? Ah! s'il s'agissait de bals ou de spectacles, je ne dirais rien; car on nous a appris, étant tout enfants, que ce sont là des plaisirs dangereux dont doit s'abstenir la jeune fille qui veut rester pure ; mais des soirées où l'on travaille, où l'on cause, où l'on fait de la musique et voilà tout. Décidément, ma pauvre Louise, ta grand'-maman veut que tu attendes à quatre-vingts ans pour te divertir, ou plutôt elle croit que quand elle a passé joyeusement son jeune âge vous étiez de compagnie, puisque maintenant elle te garde à ses côtés et te parle toujours raison. Mais non, je me trompe, ce n'est pas là parler raison ; car on ne doit pas supposer qu'il soit possible d'inspirer à une jeune fille l'éloignement pour la parure et l'indifférence pour les distractions qu'on trouve dans une société aimable et choisie.

LOUISE.

Ce n'est pas que grand'maman blâme ces réunions, assurément fort innocentes; car si elle y voyait le moindre danger, rien au monde ne pourrait obtenir qu'elle m'y laissât paraître. Mais écoute, Mathilde, tu es trop maligne, et je suis forcée de convenir que cette chère bonne maman n'a pas tous les torts. Elle dit que nous sommes loin d'être riches, que si nous perdons notre procès, les frais qu'il a fallu faire pour le soutenir absorberont toutes nos ressources, et que ceux qui sont à la veille de manquer du nécessaire doivent savoir se refuser le superflu.

MATHILDE.

Cela paraît assez juste. Mais pourquoi le perdriez-vous ce procès ? Tous les droits sont de votre côté, d'après ce que j'en ai entendu dire. Vous le gagnerez donc, c'est certain... Ton oncle était-il bien riche?

LOUISE.

Oh ! oui ; il possédait plus d'un million.

MATHILDE.

C'est alors que tu seras heureuse et que tu pourras te dédommager des privations que tu t'imposes aujourd'hui. Tu n'auras plus besoin de consulter ta bourse pour te passer la fantaisie d'une guirlande de fleurs ou d'une robe nouvelle...

LOUISE.

Peut-être... Bonne maman a des idées à elle et ce n'est pas à son âge qu'on en change.

MATHILDE.

Il est vrai. Mais alors tu trouverais mille moyens de contenter tes goûts sans lui rien laisser soupçonner. Il ne te serait pas difficile de te procurer de l'argent, et, si elle te reprochait de le dissiper, en l'employant à l'achat de tous ces jolis riens dont la possession a tant de charmes pour nous, ces broderies, ces dentelles, ces bijoux, ces chiffons lui seraient présentés par toi comme autant de cadeaux offerts par tes bonnes amies. Je te servirais et, à nous deux, sois en sûre, nous réussirions.

LOUISE.

Mais c'est affreux, Mathilde, ce que tu me proposes. Si je te comprends bien, il ne s'agit de rien moins que de voler ma mère. Je te croyais étourdie, mais non jusqu'à ce point.

MATHILDE.

Qu'osez-vous dire, mademoiselle ? Si vous n'étiez capable d'une telle bassesse, en auriez-vous la pensée ? M'accuser de vous donner un semblable conseil!... C'est là la récompense de mes soins et de mon amitié. Je voulais dire qu'à l'aide d'un mensonge innocent, vous pourriez employer à l'usage qui vous plairait le plus, l'argent que vous devriez aux bontés de votre grand'-mère. Mais toujours vous interprétez mal ce qu'on vous dit, et depuis longtemps je ne serais plus votre amie si je n'avais pitié de votre tristesse et de votre isolement.

LOUISE.

Oui, je sais que tu es bonne, Mathilde. Pardonne-moi de t'avoir affligée et garde-moi ton amitié, le seul plaisir dont je jouisse. Que deviendrais-je si je ne t'avais plus ?

MATHILDE.

Tu mériterais bien cet abandon...

LOUISE.

Voyons, Mathilde, ne me garde pas rancune, dis-moi que tu oublies ma sotte supposition, et pour preuve, charge-toi de mes emplettes pour la soirée.

MATHILDE.

J'y consens encore... Je suis aussi bonne que tu es ingrate.

LOUISE.

Chère Mathilde. (*Elle l'embrasse.*) Je ne le serai plus, je te le promets. Attends-moi un instant, je vais chercher ma bourse.

SCÈNE II.

MATHILDE, *seule.*

Du moins si maman me reproche désormais ma vanité, elle n'aura plus à me vanter Louise dont la simplicité est toujours admirée. Il n'est d'ailleurs pas juste que mes amies et moi, qui donnons tous nos soins à notre toilette, nous soyons moins remarquées que cette petite pensionnaire avec sa robe de jaconas et ses cheveux sans frisure et sans fleurs. Ce n'est pas que je sois jalouse des éloges qu'on lui donne ; mais dès qu'elle sera mise comme nous toutes, l'égalité sera rétablie... Et je vote pour l'égalité !...

SCÈNE III.

MATHILDE ET LOUISE.

LOUISE, *rentrant.*

Qu'on est malheureuse, Mathilde, quand on commet une mauvaise action ! Je vais tromper ma mère et sacrifier à ma vanité la paix de ma conscience.

MATHILDE.

Courage, ma chère ! Tu parles comme un prédicateur. Pénétrée d'un profond respect, je me tais et j'écoute...

LOUISE.

Ne raille pas, Mathilde. J'aime grand'maman de tout mon cœur ; je serais désolée de lui faire de la peine et elle en aurait beaucoup si elle savait ce que je vais faire.

MATHILDE.

Que tu es enfant, Louise ! Est-ce qu'il n'y a pas moyen d'arranger tout cela sans que ta bonne maman y voie rien ?

LOUISE.

Il faut y réfléchir.

MATHILDE.

Est-ce donc si difficile ? Madame Belmont, qui se couche tous les jours à huit heures, prie maman de se charger de toi lorsqu'elle te permet de sortir. Tu lui diras adieu et tu quitteras la maison vêtue comme tu l'étais pour la soirée de ta tante ; ce sera ma gouvernante et moi qui viendrons te chercher. Nous irons dans ma chambre, je t'y habillerai et nous nous rendrons ensuite auprès de ma mère. Ne trouves-tu pas que?...

LOUISE.

Chut ! Voici bonne maman.

MATHILDE.

Prends ton ouvrage et donne-moi ce livre.

SCÈNE IV.

LES MÊMES, Mme BELMONT.

Mme BELMONT.

Vous me paraissez très-occupées, mesdemoiselles, j'aime à vous voir vous appliquer ainsi.

MATHILDE.

Rien n'est plus agréable que le travail. Nous disions tout à l'heure, Louise et moi, que nous ne pouvions comprendre comment on recherche des plaisirs plus vrais que ceux qu'on trouve dans l'étude et le bon emploi du temps.

LOUISE, *à part.*

Comment ose-elle mentir ainsi !

Mme BELMONT.

Vous avez raison, Mathilde. De tels plaisirs ne laissent point de vide dans l'âme, je ne parle pas de remords; car ce ne sont pas des jeunes filles, toutes belles d'innocence, de bonté et d'amour filial, qui savent ce qu'est ce tourment réservé aux méchants.

MATHILDE.

Cependant, madame, il n'est personne qui ne commette quelque faute. A notre âge surtout on ne réfléchit guère et quelque bonne volonté qu'on ait de suivre les sages conseils qu'on reçoit, il arrive souvent qu'on s'en écarte.

LOUISE.

C'est vrai. Je voudrais être raisonnable, ne pas aimer la parure, puisque cela afflige maman ; je voudrais changer mes goûts frivoles en des goûts sérieux, et je ne le puis pas. Tenez, bonne maman, je suis toute triste aujourd'hui, je combats contre moi-même, et, quoi que vous en disiez, je crois que j'ai des remords...

MATHILDE.

Que dis-tu donc, ma pauvre Louise ? que t'est-il arrivé ?

Mme BELMONT.

C'est une enfant ! Va, ma fille, je te pardonne tous les petits chagrins que tu m'as causés, ne t'en inquiète pas. Mon cœur n'est-il pas plein d'indulgence pour toi ? N'es-tu pas l'enfant chérie de ma bien-aimée Louise ? J'ai voulu qu'on te donnât son nom, car aucun ne me semblait plus doux. Cette mère si bonne et si dévouée t'a été ravie ; aussi je voudrais pouvoir te témoigner une double tendresse pour te dédommager de sa perte.

LOUISE.

Grand'maman, je ne mérite pas tant de bontés ; j'en ai si souvent abusé.

Mme BELMONT.

Je le sais... (*Elle l'embrasse.*) Mais je l'oublie, à la condition que tu n'oublieras pas, toi, les promesses que tu m'as faites hier. Si tu y es fidèle, ma fille, je ne craindrai pas autant le malheur qui nous menace.

MATHILDE.

Puisque Dieu est juste, madame, il ne vous privera pas d'une fortune dont vous saurez faire le plus noble usage.

Mme BELMONT.

Silence, enfant! Les desseins de Dieu sont adorables et nous devons bénir sa main quand elle nous frappe comme quand elle nous récompense. Je suis vieille, j'ai souvent pleuré; mais je n'ai jamais murmuré contre la Providence. Si vous ôtez du cœur la sainte résignation et la confiance en la bonté du Ciel, que deviendra l'homme sur la terre où tant de douleurs l'assiégent? Vous ne savez pas, mes bonnes amies, ce que c'est que souffrir, que ne puis-je dire que vous ne le saurez jamais et qu'il ne viendra pas un jour où vous ayez besoin de vous rappeler mes paroles?

LOUISE.

Bonne maman, j'ai déjà éprouvé bien des malheurs; j'ai beaucoup pleuré en perdant ma mère et ma sœur Amélie. Je n'ai pas connu mon père, il est vrai; mais sa perte n'en est pas pour moi moins réelle. Eh bien! grand'maman, si Dieu nous afflige, il ne nous abandonne pas; car mon père, ma mère, ma sœur, vous êtes tout cela pour moi, et quand je vous vois me sourire, je n'ai plus de chagrin.

Mme BELMONT.

Merci de cette affection, chère enfant !... Sois gaie, sois heureuse auprès de ton aïeule, pour qu'en te voyant joyeuse et bonne, elle oublie ses peines et retrouve au fond de son cœur quelque doux souvenir de son jeune âge. Ces souvenirs-là réjouissent la vieillesse comme un rayon de soleil embellit un jour d'hiver. Employez-le bien, mes amies, ce bel âge, il passe vite ; mais, si rapides que soient ces heures précieuses, elles suffiront, si vous le voulez, pour vous préparer un pur et doux avenir.

MATHILDE, *se levant.*

J'entends du monde, je vais vous laisser, mesdames.

Mme BELMONT.

Restez, Mathilde, ce sont des amies.

SCÈNE V.

LES MÊMES, Mme DUVAL, MARIE.

MARIE, *courant à Louise et l'embrassant.*

Ma chère Louise !...

LOUISE.

C'est toi, Marie... Quel bonheur !

Mme BELMONT, *à Louise.*

J'avais vu ces dames; mais je voulais jouir de ta surprise en retrouvant une compagne que tu n'attendais pas.

LOUISE.

Mathilde, c'est mon amie d'enfance que je te présente, l'amie la plus sincère et la plus dévouée.

MATHILDE.

Je serai ravie, mademoiselle, de faire votre connaissance.

MARIE.

Je ne le serai pas moins, mademoiselle; l'amie de Louise ne peut qu'être la mienne.

Mme DUVAL.

Je viens, madame, vous donner des nouvelles de l'affaire qui vous occupe. Votre procès, dont la marche lente vous effrayait, sera jugé aujourd'hui même. Mon frère, qui a suivi exactement les débats, pense que vos droits seront reconnus. Je l'ai prié de se rendre au palais et de me faire connaître la sentence du tribunal aussitôt qu'elle sera prononcée. Bannissez donc toute tristesse et espérez...

Mme BELMONT.

Si j'étais seule au monde, ma chère amie, je

n'aurais nulle inquiétude; mais songez que si je perds ce procès, ma Louise se trouvera sans ressource...

Mme DUVAL.

Éloignons ces sombres pensées. Ce jour, j'en ai le pressentiment, mettra fin à vos peines.

Mme BELMONT.

Pardonnez-moi, mon amie, de ne pas partager cette espérance. Quand la fortune de mon frère me serait rendue, me consolerait-elle de la perte de mes enfants? Elle donnerait à mes derniers jours un peu de paix; car l'avenir de Louise serait assuré; mais elle ne pourrait sécher mes larmes. Sa mère, vous le savez, est partie, il y a dix ans, pour les États-Unis. Elle allait rejoindre son oncle qui, vieux et infirme, la demandait depuis longtemps. J'essayai de m'opposer à ce voyage; mais, restée veuve et sans fortune, ma courageuse fille ne crut pas devoir refuser ce moyen d'assurer le sort de ses deux enfants. Elle est morte pendant la traversée. Amélie, son aînée, qu'elle emmenait, a été élevée chez son oncle; mais il y a trois ans qu'il est mort à son tour et, depuis cette époque, nous n'avons reçu aucune nouvelle de cette chère enfant. Qu'est-elle devenue? Je l'ignore, et cette incertitude m'afflige plus peut-être que ne pourrait le faire la certitude de sa mort.

Mme DUVAL.

Je comprends vos inquiétudes. Tout espoir cependant n'est pas perdu et il y a toujours quelque douceur à pouvoir espérer. En attendant, Louise vous reste et, j'en suis sûre, elle fera votre consolation. Mais laissons ces jeunes filles que notre conversation attriste et faisons un tour au jardin. (*Elle lui donne le bras et sort avec elle.*)

SCÈNE VI.

LOUISE, MATHILDE, MARIE.

MARIE.

Je ne puis te dire, chère Louise, combien je me suis réjouie de te revoir ; je n'ai cessé de penser à toi pendant mon absence et je n'ai goûté qu'à demi les plaisirs qu'on a tâché de me procurer. Et toi, tu es toujours la même, j'en suis sûre, aussi bonne, aussi indulgente...

LOUISE.

Toujours aussi attachée à toi, ma bonne Marie.

MATHILDE.

Il faut que je vous quitte, mesdemoiselles ; car j'entends la voix de ma bonne, et maman m'a recommandé de partir aussitôt qu'elle m'enverrait chercher. Je ferai ta commission, Louise, ainsi que nous en sommes convenues.

LOUISE.

Mathilde, attends encore, je ne sais à quoi me décider...

MATHILDE.

Et moi, je sais que dans huit jours tu te repentiras de cette faiblesse et que tu me reprocheras de t'avoir laissé changer d'avis; cependant si, après un instant de réflexion, tu crois pouvoir m'assurer le contraire, tu seras libre d'agir comme tu le voudras.

MARIE.

Si je te gêne, chère Louise, si tu as quelque chose à confier à mademoiselle, je m'éloignerai.

LOUISE, *avec embarras.*

Me gêner, toi, Marie? Tu sais bien que cela est impossible. Je n'ai plus qu'un mot à dire à Mathilde. Va, tout ce que tu feras sera bien fait.

MATHILDE.

Compte sur moi. Dans une heure je serai à la petite porte. Adieu, mademoiselle, au revoir. (*Elle sort.*)

SCÈNE VII.

LOUISE, MARIE.

LOUISE.

C'est une amie qui m'a consolée en ton absence; elle est un peu vive et quelquefois étourdie; mais très-indulgente et d'une complaisance à toute épreuve.

MARIE.

Tu as été plus heureuse que moi, Louise; car je n'ai trouvé personne qui pût te remplacer. Je voulais une compagne qui, comme toi, pût me donner un bon conseil, me faire repentir de mes torts, m'encourager au travail, et de telles amies sont rares.

LOUISE.

Il est vrai, car Mathilde n'a pas pris dans mon cœur la place que tu y occuperas toujours. Le sentiment qui me rapproche d'elle ne ressemble que peu à celui qui nous lie depuis l'enfance; je l'aime; mais dans cette amitié il y a, j'en conviens, beaucoup d'égoïsme. Après ton départ je me suis trouvée si seule auprès de bonne maman, que les tracasseries d'un long procès rendaient plus triste que jamais, que j'ai recherché, pour échapper à cette tristesse qui me gagnait, la société de Mathilde. Elle a un très-bon caractère et comme elle est fort gaie et que sa mère la conduit souvent dans le monde, sa conversation me plaît et m'amuse. Voilà notre liaison. Je lui dois de la reconnaissance pour le temps qu'elle me sacrifie; quand elle ne vient pas, il me manque quelque chose; mais entre nous il n'y a pas de confiance, nous ne parlons jamais sérieusement. Je ne l'oserais pas; car il y a des moments où je crains Mathilde. Je puis bien te l'avouer à toi, ma bonne Marie, elle a pris sur moi, tantôt en me raillant, tantôt en me flattant, un ascendant auquel je ne puis résister. Elle me conduit, elle m'entraîne et quoique souvent je sache qu'elle a tort, je lui obéis aveuglément.

MARIE.

Ce n'est donc pas toujours au bien qu'elle s'efforce de te porter?

LOUISE.

Écoute, Marie, je ne veux pas accuser Mathilde, car je suis la première coupable; je ne puis attribuer qu'à son bon cœur la pitié que je lui inspire et à sa folle tête les conseils qu'elle me donne. Quoi qu'il en soit; j'ai commis une grande faute; si tu la connaissais, tu me blâmerais sévèrement et tu aurais raison. Mais je ne puis t'en faire l'aveu.

MARIE.

Je ne te le demande pas, ma bonne Louise, je ne suis qu'une enfant comme toi, et le blâme ou l'éloge que je t'adresserais ne pourrait ni te condamner ni t'absoudre ; mais il est un cœur où tu dois aller chercher pardon et conseil : tu as une mère digne de tout amour et de tout respect, une mère qui te chérit, la confiance en elle est pour toi un devoir sacré.

LOUISE.

Ma mère! Oh! non, je ne puis lui avouer ma faute ; j'en aurais trop de honte et elle trop de chagrin. J'aime mieux te dire à toi ce dont je parlais à Mathilde.

MARIE.

Je le veux bien, Louise ; mais, quoi que tu puisses avoir à me confier, je ne te dispenserai pas de le dire à ta bonne mère. Je t'en presserai, au contraire; car je sais qu'on ne peut être en paix avec soi-même quand on cache quelque chose à ce guide plein de tendresse et d'indulgence, que Dieu donne à la jeune fille pour l'aider à marcher dans la vie. Je ne serai donc ta confidente que si tu me promets que je ne la serai pas seule.

LOUISE.

Je me tairai, s'il en est ainsi. Mais non, je

ferai mieux... Je vais écrire à Mathilde, pour la prier d'oublier ce que je lui ai demandé. (*Elle écrit en dictant tout haut.*) « Mathilde, j'ai les raisons les plus fortes pour te supplier de regarder comme nul tout ce qui a été convenu entre nous. » Attends-moi un instant, chère Marie, je cours porter ce billet. (*Elle sort, et se trouve face à face avec Mme Belmont et Mme Duval ; elle rentre.*)

SCÈNE VIII.

LOUISE, MARIE, Mme BELMONT, Mme DUVAL.

Mme BELMONT.

Hâtons-nous d'ouvrir cette lettre... Elle contient notre arrêt... Lisez-la, je vous en prie.

Mme DUVAL.

Calmez-vous, ma digne amie, et recueillez vos forces, soit contre la joie, soit contre la douleur.

Mme BELMONT.

Je suis prête à tout. Lisez sans crainte.

Mme DUVAL *ouvre la lettre qu'elle tenait en entrant.*

Mon frère n'a pas manqué à sa parole. Puissent les nouvelles qu'il nous donne être favorables ! (*Elle lit.*) « C'est avec peine, ma sœur, que je vous apprends que Mme Belmont a perdu son procès... »

Mme BELMONT.

Tout est perdu, mon Dieu!... Ma pauvre enfant!...

LOUISE.

Ruinée sans ressources... Quel affreux malheur! Maman... Maman... (*Elle court dans ses bras.*)

Mme BELMONT.

Oui, mon enfant, tout est fini... Viens auprès de ta mère, le seul bien qui te reste... Puisse-t-il, hélas! ne pas te manquer bientôt!

LOUISE.

Grand'maman, je vous en conjure, ne parlez pas ainsi. Ne suis-je pas assez malheureuse, sans que vous m'affligiez par de sinistres prévisions.

Mme BELMONT.

Il est vrai, ma fille... Mais c'est parce que je t'aime que je suis si faible et si peu résignée. Que Dieu me rende le courage! S'il ne daigne pas venir à mon aide, je ne pourrai supporter cette cruelle épreuve qu'il m'envoie. Et que deviendrais-tu, chère enfant, si ce dernier malheur t'arrivait?

LOUISE.

Si vous me restez, ma mère, je croirai n'avoir rien perdu. Je suis jeune, je travaillerai. Le travail est une ressource qni ne manque jamais à la bonne volonté. Vivez, bonne maman, vivez, et nous pourrons encore être heureuses.

Mme BELMONT.

Ma fille ! est-ce toi qui viens de me faire entendre ces consolantes paroles? Comment ! toi dont je craignais si fort de voir la douleur, tu me rassures et me rends l'espérance.

LOUISE.

Chère maman, le malheur a grandi mon courage, il m'a donné des forces, et quand ma conscience sera sans reproche, je pourrai tout. Ma mère, je suis bien coupable, j'ai manqué de confiance en votre bonté, je vous ai trompée... Je m'en repens... A vos pieds j'implore mon pardon. (*Elle se met à genoux.*)

Mme BELMONT.

Que veux-tu dire, mon enfant?

LOUISE.

Vous le saurez tout à l'heure, ma bonne mère, et vous me pardonnerez; car désormais, je le promets, je serai la plus soumise et la plus tendre des filles.

Mme BELMONT.

Viens dans mes bras, mon enfant bien-aimée... Tu me donnes plus de joie en ce moment que notre infortune ne me cause de douleur. (*Louise l'embrasse et sort.*)

SCÈNE IX.

LES MÊMES, *moins* LOUISE.

Mme DUVAL.

Tant de courage, tant de résignation ne peut que toucher le ciel ; il vous fera goûter encore d'heureux jours. Le bonheur, vous le savez, ne consiste point dans les richesses ni dans les plaisirs, mais dans la satisfaction de nos justes désirs. Et vous ne pouviez rien désirer plus ardemment que de voir Louise si digne de vous.

Mme BELMONT.

Oui, Dieu comble le plus ardent de mes vœux. Je savais Louise douée d'un bon cœur ; mais la faiblesse de son caractère m'effrayait. J'animerai sa bonne volonté, je soutiendrai son courage, et, si je la laisse pauvre, j'aurai la consolation de la savoir vertueuse et capable de supporter ses peines avec toute la sérénité que donne la paix de l'âme.

SCÈNE X.

Mme BELMONT, Mme DUVAL, MARIE, LOUISE, AMÉLIE, MATHILDE.

LOUISE, *rentrant suivie d'Amélie et de Mathilde.*

Bonne maman, vous allez tout savoir. Dès aujourd'hui, je ne veux plus rien vous cacher, et je suis prête à subir toute la confusion que j'ai méritée.

MATHILDE, *bas à Louise.*

Que vas-tu faire? Laisse-moi te tirer de ce mauvais pas.

LOUISE, *haut.*

Viens, Mathilde. Tu as connu ma faute, tu dois voir mon repentir. (*A Amélie, qui est restée à l'écart et tient à la main un carton.*) Approchez, mademoiselle. (*Elle ouvre le carton et en tire une robe blanche et une guirlande de fleurs.*) Bonne maman, j'ai, sans vous le dire, fait acheter cette toilette, et dimanche je m'en serais parée, à votre insu, pour aller à la soirée de Mme de Verneuil. Vous le voyez, j'avais raison de vous dire que je suis bien coupable. Devant vous, ma mère, devant vous toutes, mesdames, j'avoue ma faute. La vanité me l'a fait commettre... La vanité m'a portée à tromper la meilleure des mères. Encore une fois, pardon !...

Mme BELMONT.

Mon enfant chérie, tu es corrigée pour toujours. Ne suis-je pas bien heureuse?

LOUISE.

Que vous êtes bonne, chère maman, et de quel poids mon cœur est soulagé depuis que je n'ai plus rien à vous cacher. Je suis bien plus gaie que je ne l'étais il y a une heure, car la pauvreté ne m'effraie pas. Je m'y soumets et je me console, puisque vous me permettrez de travailler pour vous.

AMÉLIE, *timidement.*

Travailler pour sa mère doit être un bien grand bonheur... Que n'ai-je la mienne! Je suis bien pauvre; mais il me semble que je serais riche et que je n'aurais rien à envier aux plus heureux de ce monde.

Mme BELMONT.

Vous êtes donc orpheline, ma pauvre enfant?

AMÉLIE.

Depuis bien des années, madame, et chaque jour me fait sentir plus amèrement la grandeur de la perte que j'ai faite.

Mme DUVAL.

C'est ce malheur sans doute qui vous a forcée à demander des ressources à votre travail, car votre éducation paraît avoir été soignée.

AMÉLIE.

J'ai passé sept ans dans l'opulence, après la mort de ma mère; mais on s'est peu occupé de mon éducation. Je dois la bienveillante remarque que vous venez de faire, madame, aux premiers soins de cette mère chérie, dont les leçons sont restées présentes à mon esprit.

Mme BELMONT.

Dieu vous bénira, mon enfant, puisque vous gardez si religieusement le souvenir de votre mère.

AMÉLIE.

Ah! madame, je n'ai point de mérite à cela. Seule au monde, je n'oublie cet isolement que quand, les yeux fixés sur le portrait de ma mère, je me figure entendre encore ses douces et sages paroles. Sa voix chérie réjouit mon cœur, et son sourire sèche mes larmes. C'est qu'il est si tendre son sourire, c'est que ses traits respirent tant de bonté, que je ne puis les contempler sans devenir meilleure. (*Elle tire de son sein un médaillon et le montre à Mme Duval.*) Voyez, madame...

Mme DUVAL.

Grand Dieu ! quelle ressemblance !... Mais non, je ne me trompe pas, c'est bien elle ! Regardez, chère amie. (*A Mme Belmont.*)

Mme BELMONT.

Louise !..... Oui, c'est elle, c'est elle !..... Comment ce portrait se trouve-t-il entre vos mains ?

AMÉLIE.

Mais ce portrait c'est celui de ma mère. C'est mon bien, c'est mon héritage. On me l'avait pris, je me suis faite esclave pour le racheter. J'ai laissé enlever les diamants qui l'ornaient ; mais les traits de celle qui m'a donné le jour j'ai voulu les emporter et ne pas revoir la France sans ce précieux trésor.

Mme BELMONT, *à part.*

Mon Dieu, serait-il possible ? (*Haut.*) Quel pays habitiez-vous donc ?

AMÉLIE.

Les États-Unis, où j'avais un oncle fort riche.

Mme BELMONT.

Amélie, Amélie... Moi aussi je suis ta mère !...

AMÉLIE.

Vous êtes ma mère ?... Et comment ?

Mme BELMONT.

Ne m'as-tu donc pas comprise, chère enfant? Celle que tu pleures c'était ma fille...

AMÉLIE.

On m'avait dit que vous n'existiez plus!... J'ai donc une mère! Quel bonheur, mon Dieu! (*Elle joint les mains puis se jette dans les bras de Mme Belmont.*)

LOUISE.

Tu as aussi une sœur qui t'aime de toute son âme.

AMÉLIE.

Une mère!... une sœur!... Oh! mon Dieu!... mon Dieu!..... (*Elle embrasse Louise en pleurant.*)

LOUISE, *prenant le portrait.*

Donne, que moi aussi je voie ma mère... (*Elle baise le portrait.*) C'est aussi mon bien, c'est aussi mon héritage.

AMÉLIE.

Il nous appartiendra à toutes deux, ma bonne sœur. (*Elles se prennent par la main et se rapprochent de Mme Belmont.*)

Mme BELMONT.

Dis-nous donc, ma fille, comment il se fait que

depuis trois ans que ton oncle est mort, nous te revoyions seulement aujourd'hui?

AMÉLIE.

Je me croyais sans parents; à la mort de mon oncle, on me chassa de sa maison. Je demandai pour tout bien le portrait de ma mère; on me le fit acheter par dix-huit mois de travail, car vous savez sans doute qu'une cousine de mon oncle, vieille, riche et sans enfants, parvint à s'emparer de tout ce qu'il avait laissé. Quand j'eus obtenu ce portrait, je la quittai pour repasser en France; car je voulais venir vivre dans le pays de ma mère.

Mme BELMONT.

Rendons grâces au ciel qui nous a réunies. Je ne crains plus ni les peines ni la pauvreté, j'ai deux enfants pour me consoler.

LOUISE.

Que cette tâche nous sera douce à remplir, chère maman, maintenant que nous la remplirons à l'envi.

Mme DUVAL.

Nous vous laissons à votre joie, chère amie, et nous la partageons de tout notre cœur.

Mme BELMONT.

Restez, je vous en prie, vous n'êtes pas de

trop dans mon bonheur, vous qui m'avez si souvent soutenue et consolée dans mes chagrins.

LOUISE, *à Marie.*

Oh! oui, reste Marie ; car toi aussi tu es une sœur pour moi.

MATHILDE, *à part.*

Elle ne pense pas à moi, elle a raison. Je n'ai aucun droit à sa tendresse. Louise et sa sœur valent mieux que moi, je l'avoue... Leur courage et leur amour filial me touchent...

MARIE, *qui a pendant ce temps examiné le portrait que tenait Louise.*

Regarde donc, Louise. Il me semble que ce médaillon doit s'ouvrir. J'en ai vu un tout semblable à ma cousine Blanche. J'en connaissais le secret.

Mme BELMONT, *regardant le portrait.*

Je crois que vous vous trompez, mon enfant.

MARIE, *l'ouvrant.*

Non, madame, le voici. (*Le médaillon contient une boucle de cheveux et un papier.*)

LOUISE.

Des cheveux de ma mère ! Oh ! grand'maman, donnez-les-moi !...

Mme BELMONT.

Nous les partagerons. Un papier... Ce sont ses derniers adieux... (*A Mme Duval :*) Lisez, je vous en prie.

Mme DUVAL, *lisant.*

« Ceci est mon testament : Je soussigné Charles Belmont, donne et lègue à Amélie et à Louise Belmont, mes deux petites nièces, tous les biens meubles et immeubles qui composeront ma succession..... » C'est le testament de votre frère, ma chère amie. Il est entièrement de sa main. Il est donc en règle et assure à vos deux petites-filles une immense fortune. Voyez vous-même.

Mme BELMONT.

Mon Dieu, soyez béni !... Maintenant, s'il vous plaît de m'appeler à vous, je mourrai sans murmure ; mais si votre bonté veut me laisser jouir du bonheur de mes enfants, je vous en louerai tous les jours de ma vie.

LOUISE.

Bonne maman, vous vivrez ; car c'est pour récompenser de longues années passées à faire du bien que Dieu nous rend aujourd'hui une fortune et notre Amélie.

Mme DUVAL.

Vous avez raison, Louise. C'est pour récompenser tant de courage, de patience, tant de vertu enfin, que Dieu donne à votre aïeule deux enfants si dignes de sa tendresse, et il vous la laissera longtemps encore pour que vous appreniez à l'imiter.

Mme BELMONT.

O mes enfants, je vous bénis !... C'est à ta tendresse filiale, mon Amélie, c'est à ton sincère repentir, ma Louise, que nous devons la joie imprévue qui nous arrive.

LOUISE.

C'est aux conseils d'une amie vertueuse : Marie m'a fait comprendre mes torts, elle m'a engagée à vous en faire l'aveu et le coup qui nous a frappées a achevé son ouvrage. Chère Marie, comment pourrai-je te témoigner toute ma reconnaissance ? (*Elle l'embrasse.*)

MATHILDE.

Pourquoi ne dis-tu pas, Louise, quelle part moi aussi j'ai eue dans tout ce qui s'est passé? Si la délicatesse t'ordonne de garder le silence, je parlerai pour rendre hommage à la vérité. (*A Mme Belmont :*) C'est moi, madame, qui ai causé tous les chagrins que Louise vous a donnés ; c'est moi qui l'avais poussée à vous tromper pour satisfaire sa vanité : c'est moi qui m'étais chargée de l'y aider, non comme elle pourrait le croire par affection pour elle; mais parce que j'étais jalouse de sa modestie et de sa simplicité. Pardonnez-moi, madame, pardonne-moi, Louise, et reçois mes remerciements. Tu m'as, en ce jour, instruite et corrigée, je l'espère. Adieu..... Je me rappellerai que l'amie qui flatte nos défauts et excuse nos fautes n'est pas digne de ce titre, et que celle-là seule le mérite qui, au risque de nous déplaire, a le courage de nous montrer notre devoir. Adieu, quand je croirai mériter ton amitié et celle de ces demoiselles, je viendrai la réclamer.

MARIE.

Elle vous est acquise, dès aujourd'hui, Mathilde. Puisque vous comprenez si bien les devoirs de l'amitié, vous saurez les remplir, et vous trouverez en nous gratitude et dévouement. (*Les trois jeunes filles se prennent par la main.*)

Mme DUVAL.

Quelle charmante réunion! La vertu l'a formée: elle vous procurera, mes enfants, toutes les joies et tous les avantages qui rendent la jeunesse heureuse et belle.

Mme BELMONT.

Et quand l'âge aura appesanti sa main sur vos têtes, vous vous chérirez encore et vous redirez, en contant à vos petits enfants les événements de ce jour, ce que je vous dis en ce moment : Le repentir de ses fautes est une source de joie et la piété filiale n'est jamais sans récompense.

FIN DU TESTAMENT DE L'ONCLE.

L'AMOUR FILIAL.

PIÈCE EN UN ACTE.

PERSONNAGES.

Mme DE CERNY, institutrice.

CLÉMENCE,
EUGÉNIE,
AMÉLIE,
CLAIRE, } ses élèves.

Mme DELAUNAY, mère de Clémence.

Plusieurs Pensionnaires.

L'AMOUR FILIAL.

SCENE PREMIÈRE.

CLÉMENCE et EUGÉNIE.

(*Clémence déplie une lettre et la lit.*)

EUGÉNIE.

La voici donc cette lettre tant souhaitée..... N'avais-je pas raison de te dire que tu ne tarderais pas à la recevoir ? Je trouvais le temps presque aussi long que toi-même, chère Clémence; je partageais ton inquiétude et ta tristesse comme maintenant je partage ta joie. (*Elle regarde Clémence qui porte son mouchoir à ses yeux.*) Mais que vois-je ?..... Tu pleures..... Qu'est-il donc arrivé ? Ta bonne mère serait-elle malade ? Parle, je t'en prie..... Tu peux me confier la cause de tes larmes, car tu n'as pas d'amie plus sincère et plus tendre que moi. Parle donc, Clémence.

CLÉMENCE.

Prends cette lettre, Eugénie, et tu verras si j'ai tort de m'affliger. Tiens, (*elle la lui donne*) elle est de ma mère.

EUGÉNIE, *lisant.*

« J'ai reçu de ta conduite et de tes progrès des « notes meilleures que je n'aurais osé le désirer. « Que ne puis-je, ma fille, en t'annonçant d'heu- « reuses nouvelles, te rendre toute la joie que tu « me causes ! Mais Dieu ne le veut pas, chère en- « fant, car il nous éprouve cruellement. Depuis « cinq ans que je pleure ton père, j'ai tout fait « pour te cacher la gêne dans laquelle nous avons « vécu ; tu étais si jeune, si gaie et si heureuse « surtout, que je me serais reproché, comme une « faute, toute parole qui eût pu amener sur ton « front le moindre nuage de tristesse. Mais puis- « que dans deux jours tu reviendras sous mon « toit, puisqu'alors je ne pourrai plus te laisser « ignorer notre position, je veux tout te dire. « Pardonne-moi, mon enfant, de ne pas te laisser « jouir de ces deux jours encore, j'y ai bien pensé ; « mais comme je crains de voir tes larmes et que « je compte sur ta raison et ton courage, j'ai pré- « féré t'écrire. Ton père, négociant probe et es- « timé, ruiné par plusieurs faillites, ne put survivre « au chagrin qu'il éprouva lorsqu'il se vit forcé de « suspendre ses paiements. Il mourut, me léguant « le soin de désintéresser tous ses créanciers. Un « héritage sur lequel je ne comptais pas, joint à ce « que nous possédions encore, m'en fournit le « moyen. Il ne nous restait plus qu'une petite

« ferme ; ce revenu si modique qu'il fût suffisait à « nos besoins ; nous ne devions plus rien, j'étais « heureuse. Mais pendant trois ans de suite la grêle « détruisit nos récoltes et, pour subsister, il nous « fallut recourir à l'emprunt... J'engageai notre « modeste avoir, espérant, à force de travail et « d'économie, parvenir à m'acquitter. Mais j'avais « compté sans la maladie. Que te dirai-je enfin, « chère enfant ? La maison blanche que tu aimais « tant, le champ où tu cueillais des bleuets, le petit « enclos où paissaient nos moutons, rien de tout « cela n'est plus à nous... J'ai loué à l'autre extré- « mité du village deux chambres que j'habite « depuis trois mois. Hélas ! l'appartement que je « te destine n'est pas somptueux. Mais rassure-toi, « Clémence, mon travail éloignera toujours de toi « et de tes sœurs toutes les horreurs de la misère. « Ce que je regrette le plus, c'est que la médiocrité « de nos ressources ne te permette pas de continuer « à recevoir les leçons dont tu profitais si bien. « Demain, sans doute, tu obtiendras des prix et « des couronnes, rapporte-les-moi, mon enfant. « Ce sera un souvenir à joindre à ceux des beaux « jours passés et ce ne sera pas le moins cher à « mon cœur. Sois courageuse, ma fille chérie, tu « n'as pas tout perdu puisque ta mère te reste. » (*Elle replie la lettre.*) Pauvre Clémence ! Il faudrait donc nous quitter pour toujours. Et toi, la meilleure des élèves de cette maison, tu devrais renoncer à continuer de t'instruire. Oh ! mais cela ne se peut pas... Cela ne sera pas, mon amie, je l'espère...

CLÉMENCE.

Cet espoir, je ne puis le partager, bonne Eugénie. Mais sois tranquille, je serai raisonnable. Mon devoir est tracé, je saurai le remplir. Je retournerai auprès de maman, je travaillerai avec elle. Je suis bien jeune, il est vrai, mais j'ai souvent vu pleurer mon excellente mère et ces larmes-là, vois-tu, chère amie, doublent la raison des enfants. Elle croit que j'ai toujours ignoré ses chagrins, parce que, sachant que son seul bonheur était de me voir heureuse, je me faisais rieuse et gaie pour la consoler ; mais j'ai plus d'une fois deviné ses ennuis, surpris ses soupirs et entendu ses prières. Et aujourd'hui que, malgré tant de courage et de patience, elle nous voit sans ressources, ce qui m'afflige le plus, crois-moi, Eugénie, c'est la douleur qu'elle en éprouve, ce sont les privations qu'elle sera obligée de s'imposer, après en avoir déjà tant souffert. Je ne pense pas à la vie pauvre et humble qu'il me faudra mener, à l'ignorance à laquelle ce revers de fortune me condamne, je voudrais que mon sort fût plus triste encore, mais que maman fût heureuse.

EUGÉNIE.

Ce que tu dis là n'a rien qui doive m'étonner,

car je te connais, Clémence. Mais, si bonne fille que je te suppose, je ne puis croire que tu quittes sans une profonde douleur, le pensionnat où tu comptais passer plusieurs années encore.

CLÉMENCE.

Oui, j'avais du goût pour l'étude... Sans ennui, presque sans travail, je parvenais à contenter nos bonnes maîtresses. C'était une grande joie pour moi, je l'avoue..... Mais il n'y faut plus penser..... C'en est fait, je veux être courageuse ; maman me le recommande et tu m'y aideras, Eugénie. Car moi aussi, je te connais, tu seras toujours l'amie de la pauvre Clémence et quelque différentes que puissent être un jour nos positions, tu ne rougiras jamais de moi.

EUGÉNIE.

Moi... rougir de toi!... Que dis-tu donc, Clémence ? Est-ce que deux amies de pension, amies véritables comme nous le sommes, peuvent oublier les douceurs de cette amitié; est-ce qu'elles peuvent cesser de se chérir comme deux bonnes sœurs ? Tu sais bien que non. Sois sans inquiétude, plus tu seras malheureuse, plus je t'aimerai, afin de te consoler et de te rendre le courage. Mais écoute donc ! que signifie tout ce bruit ?... On vient de ce côté... Cache tes pleurs, mon amie ; il est inutile que toutes nos compagnes soient instruites de ton chagrin.

CLÉMENCE.

Tu as raison, Eugénie, toutes ne sont pas bonnes comme toi, je me tairai. Mais on crie : Vive la reine !... Qu'y a-t-il donc !

EUGÉNIE.

J'entends Amélie. Nous allons tout savoir.

SCÈNE II.

EUGÉNIE, CLÉMENCE, AMÉLIE.

AMÉLIE.

Que faites-vous donc seules ici, mesdemoiselles, quand tout le monde est en bas pour voir le courrier de la reine Victoire ? Venez, oh ! venez vite ; car il va sans doute repartir. Mais, miséricorde ! qu'avez-vous donc ? Vous faites l'une et l'autre des figures d'une aune... Ah ! je me trompe, d'un mètre, dix-neuf... vingt... je ne sais pas au juste combien de centimètres, pour parler d'après le nouveau système. Tu as les yeux rouges, Clémence. Si tu n'étais pas, comme madame de Maintenon, la raison même, je croirais que tu as fait quelque sottise pour laquelle on a jugé à propos de te gratifier d'un copieux pensum. Mais, bah ! le règne des pensums est sans doute passé ; car depuis trois jours je n'en ai plus à faire. Et je m'en trouve si bien qu'en criant : Vive la reine ! je veux ajouter : A bas les pensums !... Mort aux pensums ! A propos de cette bonne reine d'Angleterre, je vous racontais ce qui s'est passé tout à l'heure en bas, et voilà que je m'oublie. Il me semble toutefois que c'est bien pardonnable et que vous devez comprendre, mes bonnes amies, que j'aie en horreur les punitions, moi qui les reçois toutes, moi qui des trois cent trente jours dont se compose l'année scolaire, n'en passe pas quinze sans quelque petite gratification du genre de celle dont je vous parlais tout à l'heure. Et cela, pourquoi ? je vous le demande. Suis-je donc une méchante enfant ? Non vraiment. Maman disait toujours de moi : Tête légère, mais cœur d'or ! Entre nous, mes amies, je n'ai qu'un défaut.

EUGÉNIE.

Celui de trop parler, n'est-ce pas ? Il est heureux que tu en conviennes.

AMÉLIE.

Il le faut bien, puisque c'est l'avis de tout le monde et le tien aussi, Eugénie. Mais je ne puis croire que ce soit un grand défaut. On me le répète sans cesse et sous toutes les formes, sans doute parce que non-seulement la vérité toute nue ne plaît pas ; mais parce que si elle n'avait jamais qu'un même vêtement cela deviendrait monotone. Ainsi madame de Cerny, notre maîtresse, me dit de sa voix grave et digne que quiconque parle beaucoup, parle très-souvent mal ; mademoiselle Élisa, notre sous-maîtresse, me répète cent fois le jour qu'on ne s'instruit pas en parlant, mais en écoutant ; mon père m'assure qu'autrefois, mais il y a sans doute bien longtemps, un des sages de la Grèce n'admettait à recevoir ses leçons que ceux qui avaient gardé pendant sept années un rigoureux silence. Il n'y a pas jusqu'à ma bonne qui ne veuille se mêler de me reprendre. Quand elle me ramène à la pension, elle me dit malignement : Il faudra prendre un verre de sirop en arrivant, mam'selle, car vous parlez, vous parlez que ça m'époumone rien que de vous entendre. Si elle était moins bonne fille, je me fâcherais peut-être ; mais je ris et voilà tout.

CLÉMENCE.

Si tu te fâchais, Amélie, tu justifierais le proverbe : *Toute vérité n'est pas bonne à dire.*

AMÉLIE.

Allons, Clémence, toi aussi, tu m'accuses ! tu es pourtant une douce et indulgente compagne que nous aimons de tout notre cœur, nous autres étourdies ; car tu ne nous adresses jamais ni railleries ni reproches; mais seulement de temps à autre quelque encourageante parole dont nous te savons gré et dont nous ferions notre profit, s'il nous en coûtait moins de devenir raisonnables. Cela viendra peut-être. En attendant, revenons à notre récit, car j'ai commencé de vous conter quelque chose, n'est-ce pas ?

EUGÉNIE.

Sans doute, et nous attendons impatiemment ce dont il s'agit.

AMÉLIE.

Peut-on dire que je suis une babillarde ? Je viens de voir des choses extraordinaires, d'apprendre des nouvelles surprenantes, bouleversantes, incroyables; j'accours pour vous en rendre compte et voilà une demi-heure que je suis auprès de vous, sans vous avoir mis au courant de ce qui se passe là-bas. N'allez pas croire toutefois que j'attache quelque importance à cela. Oh ! non, je sais bien que quand on parle d'une élève studieuse et instruite ce n'est pas de moi qu'il est question. Mais ce qui doit devenir un événement pour l'une d'entre nous est du moins pour moi une distraction. Oui, c'est une diversion à la vie que nous menons, vie si triste, si uniforme que tenez, mesdemoiselles, puisque nous en sommes aux *vivat*, je crierai : Vivent les vacances !

CLÉMENCE.

Mais enfin saurons-nous la cause de ces *vivat*? Saurons-nous pourquoi nous toutes qui sommes bonnes françaises, nous devons crier : Vive la reine d'Angleterre ! Tu nous annonces une nouvelle qui, dis-tu, doit nous intéresser beaucoup et au lieu de nous l'apprendre, tu sembles te rire de notre impatience et tu abandonnes sans cesse ton sujet, pour des digressions inutiles.

AMÉLIE.

Inutiles !... Tu n'es pas flatteuse.

EUGÉNIE.

Je ne suis pas de ton avis, Amélie; car je trouve qu'en se contentant du mot *inutiles*, Clémence te flatte, oui, te flatte beaucoup; moi j'aurais dit : Insipides. Et maintenant, si ma franchise te touche, prouve-le-moi, en arrivant promptement au fait.

AMÉLIE.

Soit, m'y voici. Nous étions dans la grande cour; nous venions de déjeuner de bon appétit, nous autres folles que la distribution des prix n'inquiète guère, parce que nous ne croyons pas avoir beaucoup à y réclamer ; nous causions joyeusement tout en faisant une partie. La vaniteuse Mathilde faisait le détail de sa toilette de ce soir, comme si celle qui remportera le plus de couronnes ne devait pas être la reine de cette fête ; la méthodique Maria réglait l'emploi de son mois de vacances; moi, je racontais à Caroline le voyage que j'ai fait l'année dernière avant que, me coupant les ailes, on s'avisât de m'enfermer, moi, pauvre oiseau si heureux de ma liberté, dans cette vilaine cage qu'on appelle une pension. Oh ! si vous saviez, mes bonnes amies, quel voyage ! un voyage à la vapeur : le chemin de fer de Paris au Havre et un bateau à vapeur jusqu'à Southampton. Oui, car j'ai été en Angleterre, j'ai vu Londres : c'est vaste, mais c'est triste ; j'aime mieux Paris. Jamais je n'ai eu tant de plaisir. Tout était pour moi un sujet de curiosité et d'étonnement. Puis la mer ! c'est quelque chose de bien beau, mesdemoiselles, que la mer, surtout quand elle est houleuse et méchante. Ces vagues qui semblent se poursuivre en mugissant, qui s'élancent vers le ciel ou viennent se briser sur les rochers de la plage... Mais je ne veux pas faire de description; mon Dieu !... on nous en donne bien assez à faire par écrit. Cependant, selon moi, la description parlée serait préférable à la description écrite ; car le geste, le son de la voix, l'expression de la physionomie concorderaient avec les idées énoncées. Peut-être serait-ce alors un mérite d'avoir la langue quelque peu déliée; peut-être moi, l'ignorante et paresseuse enfant que vous connaissez, l'emporteraisje sur toi, Eugénie et sur toi aussi, ma bonne Clémence. Quand cette méthode sera-t-elle adoptée? Je ne sais. Cela dépend de nos respectables professeurs ; quant à nous, il faut nous taire et obéir.

EUGÉNIE.

Te taire, ma pauvre Amélie ; crois-tu la chose possible ? Quant à moi, je proclamerais aussi puissante que Josué la personne qui parviendrait à t'imposer pendant une heure un silence complet.

CLÉMENCE.

Aussi n'y prétendons-nous pas. Tout ce que nous te demandons, c'est de nous dire, en peu de mots, si tu le peux, la cause du bruit que nous avons entendu. Fais-nous ce plaisir et une autre fois, service pour service, nous t'écouterons aussi longtemps que tu le voudras.

AMÉLIE.

C'est juste. Nous jouions donc dans la cour : tout à coup la porte s'ouvre, non pas la petite porte par laquelle nous sortons, nous pauvres et humbles pensionnaires quand nous sommes assez heureuses pour obtenir un congé, mais la grande porte, la porte à deux battants. Nous regardons toutes. J'interromps une phrase commencée ; Caroline laisse tomber le gobelet dans lequel venait enfin de se loger le volant. C'était sa première partie gagnée, mais elle n'y songeait pas. Mathilde lisse les bandeaux de ses cheveux, se redresse du petit air que vous lui connaissez et rajuste à la hâte son fichu dont le nœud avait tourné jusque sur son épaule. La porte ouverte, un courrier entre ; il était monté sur un magnifique cheval noir, couvert d'une housse brodée d'or et de pierreries, tout comme on en voit dans les contes de fées. Combien j'en ai lu de ces contes ! Les aimez-vous ? Moi, j'en raffole et je regrette bien que cette lecture ne fasse pas partie des cours que nous suivons. Cela vaut bien, j'espère, l'histoire de Cyrus, d'Alexandre, de César, de Pompée, que sais-je moi ? de tous ces hommes célèbres dont il nous faut retenir les hauts faits et les brillantes conquêtes. Depuis notre grand-père Adam, combien y en a-t-il eu de ces héros aux noms bizarres ! Et l'on dit pourtant, je ne sais sur lequel de nos livres que les grands hommes sont rares. Celui qui a écrit cela était un fameux ignorant, n'est-ce pas ?

EUGÉNIE.

Ne lui réponds pas, Clémence ; car si nous voulons discuter avec elle, elle n'en finira pas. Continue, Amélie.

AMÉLIE.

Vous convenez donc que l'étude de l'histoire est bien inutile ? Oh ! du reste, comme toutes celles dont on nous farcit la tête. Quand donc serai-je grande ?... Alors je rirai, je jouerai, je causerai surtout, sans qu'on se croie en droit de m'imposer silence. Silence ! c'est un mot qui résonne désagréablement à mon oreille et qui pourra finir par me donner des attaques de nerfs. Mais je n'ai que dix ans et maman dit que je ne sortirai de pension qu'à dix-huit !... Cela fait huit années ou plutôt, si je connais l'arithmétique, quatre-vingt-huit mois d'esclavage, en retranchant même les huit mois de vacances. C'est bien longtemps pâtir sur les bancs d'une classe, la langue attachée au palais... C'est à en mourir d'ennui. Oh ! que je voudrais être grande !...

CLÉMENCE.

N'envie pas tant le sort de tes compagnes qui s'éloignent du pensionnat ! car j'en connais une qui ne le quittera qu'avec le plus grand chagrin.

AMÉLIE.

Tu plaisantes ?...

CLÉMENCE.

Rien n'est plus sérieux.

AMÉLIE.

Nomme-moi cette élève et je la proclame la

huitième merveille du monde. Mais qu'a-t-elle donc à regretter, en disant adieu à cette maison ?

CLÉMENCE.

Qu'a-t-elle à regretter, demandes-tu ? Comptes-tu pour rien les soins si dévoués et si tendres de nos bonnes maîtresses, leurs conseils affectueux, leurs sages remontrances, leurs leçons de toutes les heures, leçons qui ne tendent qu'à nous rendre vertueuses et aimables, c'est-à-dire à nous donner la plus sûre garantie du bonheur ? Est-ce que tu serais ingrate, chère Amélie, ou bien, ne voyant que la contrainte qu'on t'impose, méconnaîtrais-tu le bien qu'on te veut ?

AMÉLIE.

Non, je ne suis pas ingrate, je rends justice à nos maîtresses. Elles sont bonnes, elles sont dévouées ; mais c'est si ennuyeux de ne pouvoir jamais agir à sa fantaisie ! Que si maman voulait... oh ! si elle voulait me reprendre auprès d'elle, j'en deviendrais folle de joie. Mais quand je lui parle de cela, vous ne savez pas ce qu'elle me répond ? Je puis vous le dire à vous, car vous êtes d'excellentes compagnes. Elle me dit : Non, ma fille ; il vaut mieux que tu restes en pension, quand ce ne serait que pour apprendre à te taire. Car en pension, ta manie de parler sans cesse, à tort et à travers, t'attirera, je l'espère, quelque désagrément auquel tu devras de te corriger. Mais elle se trompe ma bonne petite mère, je suis plus aimée ici qu'elle ne le croit, et aucune de nos compagnes n'a eu jusqu'à présent à se plaindre de moi.

EUGÉNIE.

Tu as un excellent cœur, il est vrai; mais on ne pourrait avec sécurité te confier un secret, tu le trahirais sans y penser.

CLÉMENCE.

Et c'est un malheur, quand on est bonne comme toi, de ne pouvoir compter sur l'entière confiance de ses amies, de ne point oser, lorsqu'on les voit tristes, s'informer du sujet de leurs peines et de leur offrir quelque consolation.

AMÉLIE, *pensive.*

Tu as raison, Clémence, et cette pensée-là pourra m'aider un jour à me corriger.

EUGÉNIE.

Pourquoi pas dès aujourd'hui? Plus tu tarderas, plus il te sera difficile de rompre avec tes habitudes. Pour t'y décider, j'aurai le courage de te dire une vérité : celles qui t'aiment le plus s'éloignent de toi, et dès que tu parais, leur conversation commencée cesse ou change de sujet.

AMÉLIE.

Je m'en suis aperçue quelquefois et j'y ai pensé avec chagrin, surtout lorsqu'il m'était arrivé de raconter étourdiment ce que d'autres avaient dit ou fait. Mais maintenant je me tiens sur mes gardes, et de longtemps on n'aura à me faire le reproche d'indiscrétion qu'on m'adressait souvent autrefois. Ainsi, hier, madame de Cerny m'avait fait appeler dans son cabinet. Obligée de sortir, elle m'y laissa seule. La liste des prix était déposée sur la table et tout auprès étaient les compositions corrigées. Je brûlais d'envie d'y jeter les yeux ; car c'est étrange, mais je l'avoue, en voyant cette liste, ces beaux volumes, ces couronnes, en pensant à la joie des mères qui verraient leurs filles récompensées, j'éprouvais un violent battement de cœur. Sentant que si je restais un instant de plus auprès de ce précieux papier, je ne pourrais triompher de ce désir, je me retirai dans l'embrasure de la croisée. J'étais là depuis un instant et j'avais laissé retomber le rideau, comme pour mettre une barrière entre moi et cette table, vers laquelle m'entraînait un pouvoir magnétique, quand j'entendis ouvrir doucement la porte. Je vis entrer, non pas madame de Cerny, mais la grande, maigre, pâle et sérieuse Claire. Elle s'avança sur la pointe du pied, jeta un furtif regard sur la liste des prix ; mais sans doute cette liste n'était pas terminée. N'y trouvant pas tout ce qu'elle cherchait, Claire feuilleta les cahiers épars, reconnut enfin le sien et le prit. J'avais envie de lui faire une bonne peur ; mais je me contins, curieuse de voir la suite.

EUGÉNIE.

Comment ! Claire a osé toucher à ces papiers. Si je ne savais pas que tu ne mens jamais, je me refuserais à te croire.

AMÉLIE.

Réserve ton étonnement pour la fin de mon histoire. Cinq fautes, dit-elle à demi-voix ; Eugénie n'en a que trois et Clémence une. Ainsi je n'aurai qu'un accessit !... Pourtant je veux le prix... je le veux... Il faut que je l'aie. Qu'ai-je à craindre? On ne me soupçonnera pas. Elle saisit une plume, changea le chiffre tracé au bas de son travail, rejeta son cahier entre les autres et s'éloigna vivement. Je l'ai vue, vue de mes yeux, je pouvais la faire huer de toutes ses compagnes, elle le méritait, et je n'ai rien dit. Cependant je n'aime pas Claire : je l'ai toujours jugée telle que je l'ai reconnue par ce trait. Je suis étourdie, paresseuse, moqueuse, babillarde; Claire passe pour être douce, docile, pieuse, et je ne voudrais pas lui ressembler, car ce qu'elle a fait là m'indigne.

CLÉMENCE.

Sois tranquille, Amélie, nous te rendrons justice, et il n'est pas une des élèves qui ne préfère ton caractère vif, brouillon, taquin à la froide malice de quelques autres. L'étourderie se pardonne parce qu'elle n'est qu'un défaut de la tête; tandis que l'envie, la haine, l'hypocrisie sont des vices du cœur. Je n'accuse pas Claire de tous ces vices; mais je suis forcée d'avouer que ce qu'elle a fait là est fort mal.

EUGÉNIE.

Sans doute, et si elle obtient ainsi le prix qui t'appartient, Amélie devra révéler à notre maîtresse tout ce qu'elle a vu. En attendant, tu serais bien aimable, Amélie, si tu voulais nous apprendre l'importante nouvelle qui a révolutionné tout le pensionnat. Voilà plus d'une heure que nous t'écoutons et nous sommes tout aussi ignorantes de ce qui s'est passé qu'avant ton arrivée. Voyons, finis-en, je t'en prie, ou trouve bon que nous allions nous informer ailleurs.

AMÉLIE.

Non, non, restez, je parlerai.

CLÉMENCE.

Ce n'est pas précisément ce que nous te demandons; car depuis que tu es avec nous, tu t'es largement dédommagée du silence que tu es forcée de garder pendant la classe. Toutefois, comme je n'aime pas à te faire de reproches, et que je suis trop raisonnable pour exiger l'impossible, je te donne cinq minutes pour achever ton récit, puis nous nous quitterons sans rancune.

AMÉLIE.

Je commence... Mais voici Claire... (*A part.*) Je vais la faire enrager.

SCÈNE III.

EUGÉNIE, CLÉMENCE, AMÉLIE, CLAIRE.

CLAIRE.

La distribution des prix n'aura lieu qu'à cinq heures, mesdemoiselles. Nous devons composer une dernière fois, et dans une demi-heure la cloche nous réunira toutes à la classe.

CLÉMENCE, *à part.*

Aurait-on découvert sa fourberie? (*Haut.*) C'est la première fois que nos maîtresses attendent au dernier instant pour décider du mérite de leurs élèves. Cette singularité doit avoir un motif.

CLAIRE.

Un motif... Ignorez-vous donc ce qui s'est passé?

AMÉLIE.

Non, car j'étais derrière le rideau quand vous vous croyiez seule et j'ai tout vu. (*A part.*) Attrape !

CLAIRE, *à part.*

Serait-il vrai? N'importe, faisons bonne contenance. (*Haut.*) Ce n'est pas à mademoiselle Amélie que j'ai l'honneur de m'adresser. Si j'engageais une conversation avec elle je risquerais fort de manquer l'heure de la distribution.

AMÉLIE, *raillant.*

Et ce serait fâcheux, n'est-ce pas, Claire, d'être privée d'un triomphe qu'on a si bien mérité, de ne pouvoir recueillir les couronnes et les prix qu'on a si loyalement acquis? Il est si doux d'entendre louer sa bonne conduite, son application, ses progrès et surtout sa délicatesse de sentiments et sa parfaite discrétion. Tu possèdes une multitude de bonnes qualités qui feront, je n'en doute pas, la joie et l'orgueil de ta famille; mais ces deux dernières ne sont pas assurément celles que j'admire le moins en toi.

CLAIRE, *à part.*

Elle sait tout, et elle ne pourra se taire. Qu'ai-je ait?...

CLÉMENCE.

Tu dis donc, Claire, qu'on va faire une nouvelle composition?

AMÉLIE.

Est-ce bien là ce que tu marmottais tout bas, ma bonne Claire? J'avais cru entendre toute autre chose.

CLAIRE, *feignant de ne pas entendre Amélie.*

Oui, chère Clémence, et ce dernier travail seul fera foi.

EUGÉNIE.

Cela me fait grand plaisir; j'étais mécontente de celui qu'on nous a fait faire, il y a huit jours. J'avais un peu de migraine et je n'ai pas réussi.

AMÉLIE.

Je suis bien sûre que Claire en est enchantée aussi?

CLAIRE.

Sans doute. Tout le monde sait combien j'aime le travail. Cependant il me semble qu'on aurait pu s'en tenir à...

AMÉLIE.

A ce que tu as si bien relu et corrigé, n'est-ce pas? Je suis tout à fait de ton avis, car cette dernière disposition rend inutiles la peine que tu as prise et les transes que sans doute tu as éprouvées. Mais que veux-tu, ma pauvre Claire? nos maîtresses ne sont pas toujours sages, et ce qui le prouve, c'est qu'elles laissent quelquefois ouverte la porte de leur cabinet.

CLÉMENCE, *à demi-voix à Amélie.*

Oublies-tu donc ce que tu nous disais tout à l'heure? N'es-tu plus sur tes gardes?

AMÉLIE, *de même.*

Que je ménage cette méchante Claire... Tu n'y penses pas, Clémence. (*Haut.*) Ma bonne Claire, réjouis-toi de ce qui arrive au lieu de t'en affliger; la décision qu'a prise Mme de Cerny t'épargne une cruelle humiliation. Car moi, Amélie, la paresseuse Amélie, dont tu te moques peut-être, je me serais crue ta complice si je n'avais dévoilé à notre maîtresse ton indigne conduite. C'est un véritable vol que tu as commis; ne néglige donc pas à l'avenir les précautions dont s'entoure un voleur, et fouille du regard tous les coins de la chambre pour t'assurer qu'elle ne renferme aucun témoin dont la déposition puisse te nuire.

EUGÉNIE.

Veux-tu me faire un grand plaisir, Amélie? Oui, j'en suis sûre. Eh bien! permets à Claire de nous apprendre la nouvelle dont peut-être, seules entre toutes nos compagnes, Clémence et moi nous ne sommes pas encore instruites. Si tu veux lui parler ensuite, nous nous éloignerons.

AMÉLIE.

Non, restez. J'ai dit à Claire tout ce que je voulais lui dire, et elle n'est pas, plus que moi, désireuse de prolonger cet entretien. Adieu, mes bonnes amies, je souhaite de tout mon cœur votre succès. (*A Claire.*) Ne me faites pas l'injure de croire que ce souhait s'adresse à vous.

(*Elle sort.*)

SCÈNE IV.

CLÉMENCE, EUGÉNIE, CLAIRE.

CLAIRE.

Quel singulier caractère a cette pauvre Amélie! Mais la voilà partie, ne songeons plus à elle. Vous voulez savoir, mesdemoiselles, ce qui a mis en émoi toute la maison; le voici : il y a deux heures, un courrier de la reine d'Angleterre est arrivé porteur d'une excellente nouvelle. Sa Majesté prend sous son patronage immédiat le pensionnat de Mme de Cerny. Vous savez que cette dame, veuve d'un officier français, est anglaise ; mais ce que vous ne savez peut-être pas, c'est que son père, John Wilson, hardi navigateur, a récemment découvert et conquis à Sa Majesté Britannique plusieurs grandes îles situées au midi de l'Océanie. Interrogé sur le genre de récompense qu'il souhaitait, sir Wilson répondit qu'il ne désirait rien que de continuer ses courses aventureuses, et que, comptant bien y trouver un jour la mort, il léguait à la reine sa fille unique, mariée en France. Les offres les plus brillantes furent faites à Mme de Cerny pour qu'elle revînt habiter Londres; elle les refusa pour ne pas quitter sa belle-mère, que son mari l'a chargée de consoler. Elle a de même refusé la pension que voulait lui faire la reine, en la suppliant d'employer cette somme à soulager quelque noble infortune et de lui permettre à elle, Mme de Cerny, de continuer à vivre de son travail.

CLÉMENCE.

C'est une belle et généreuse conduite, dont Sa Majesté a dû être fort touchée.

CLAIRE.

Elle a dépêché aussitôt un courrier chargé de remettre à notre digne institutrice la lettre la plus flatteuse et de lui annoncer que, tenant à donner à l'établissement dirigé par Mme de Cerny, un témoignage de sa sollicitude, elle se charge de l'avenir de la jeune fille qui, ce soir, obtiendra le prix d'excellence. Son éducation sera continuée avec le plus grand soin, et un sort brillant lui sera réservé lorsqu'elle quittera cette maison.

EUGÉNIE, *entraînant Clémence à l'écart.*

Quel bonheur! Clémence, Dieu vient à notre aide. Tu es la plus instruite de nous toutes; on n'a jamais eu le moindre reproche à t'adresser, tu obtiendras le prix... Nous ne nous quitterons pas. (*Elle l'embrasse.*)

CLÉMENCE, *à Eugénie.*

Si tu disais vrai?... Mais oui; il est possible que je l'emporte sur mes compagnes. Quel beau jour pour nous! Oh! ce prix, si je l'avais!... Mon Dieu! vous savez bien que ce n'est ni par orgueil ni par jalousie que je le souhaite, que c'est uniquement pour ma mère!...

CLAIRE, *à part.*

Qu'ont-elles donc à se dire! Elles complotent contre moi, j'en suis sûre. (*Haut.*) Vousc omprenez que les épreuves déjà faites ne pouvaient plus suffire; voilà pourquoi l'on nous oblige à composer de nouveau. Cela paraît juste. Cependant il me semble, à moi, que l'émotion pourra troubler nos pauvres têtes et nous faire commettre des erreurs que nous éviterions en tout autre temps.

CLÉMENCE.

Le même but nous étant à toutes proposé, nous travaillerons sous la même impression, et nous aurons au succès des chances égales.

CLAIRE.

Oui, en supposant toutefois que nous soyons également impressionnables, ce qui n'est assurément pas. Quant à moi, j'en suis sûre; je ferai moins bien cette fois que la précédente, et le prix sera pour l'une de vous deux, mesdemoiselles.

EUGÉNIE.

Si je ne réussis pas, je n'en pourrai accuser mon émotion; car j'ambitionne moins le prix qui nous est offert, que je n'ambitionnais tout à l'heure une simple couronne.

CLAIRE.

C'est un désintéressement admirable, ou, permets-moi de le dire, une bien sotte fierté.

CLÉMENCE.

Rassure-toi, Claire, c'est un généreux sentiment qui dicte ces paroles à Eugénie.

CLAIRE.

Je n'attendais pas moins de toi, Clémence; deux

bonnes amies doivent se soutenir, et vous êtes amies. (*Eugénie et Clémence se donnent la main.*) Vous êtes le modèle de la vertueuse amitié. Vous êtes studieuses et bonnes entre toutes, vos maîtresses vous louent, vos compagnes vous aiment; cependant il est une faute qu'on pourrait vous reprocher. Pourquoi fuyez-vous les récréations? Pourquoi venez-vous vous enfermer ici? Pour y lire en paix, direz-vous. Pour y lire quoi? des romans. Oui, des romans; c'est là la distraction qu'il faut à ces demoiselles. Elles ont tant d'esprit, tant de raison que les jeux de leur âge ne sauraient leur plaire et qu'elles prennent en pitié celles de leurs amies qui s'amusent d'une corde, d'une balle ou d'un volant.

EUGÉNIE.

Que veux-tu dire, Claire, et qui donc ici lit d'autres livres que ceux que ces dames mettent à la disposition des élèves?

CLAIRE.

Vous-mêmes. Oh! ne vous en défendez pas, car je vous ai entendues, tout à l'heure, débiter d'un ton sentimental des phrases bien sentimentales aussi.

CLÉMENCE, *à part.*

Elle ne sait rien encore. Tant mieux! C'est d'elle que je me méfierai le plus. Si elle savait quel intérêt j'ai à obtenir ce prix, il n'est rien qu'elle ne fît pour m'empêcher de réussir. (*Haut.*) Tu te trompes, Claire, ce que tu as entendu lire par Eugénie n'était pas une page de roman ; c'était tout simplement la lettre d'une mère à sa fille, un essai de style, une sorte de passe-temps.

CLAIRE.

Chacun prend son plaisir où il le trouve. Je voulais seulement vous apprendre que la moindre infraction à la règle du pensionnat suffit pour faire exclure du concours celle qui s'en est rendue coupable. Mais soyez tranquilles, je ne dirai rien. Je ne suis pas comme Amélie, qu'un irrésistible besoin de parler porte sans cesse à débiter des contes, qu'elle affirme être la pure vérité. Heureusement, on la connaît, on sait jusqu'à quel point il faut croire à ses discours. Aussi je n'ai pas répondu, vous l'avez vu, à toutes les injures qu'elle m'a dites ; je ne lui en veux même pas ; j'ai pitié d'elle : voilà tout.

EUGÉNIE.

Ecoute, Claire : nous aimons beaucoup Amélie; si elle a des défauts, ses bonnes qualités nous les font oublier ; n'en dis donc pas de mal, je t'en prie.

CLÉMENCE.

Et puisque le moment décisif approche, cessons de nous occuper d'autre chose. Pensons plutôt à préparer ce que nous devrons faire tout à l'heure. Viens-tu, Eugénie?

EUGÉNIE.

Oui, allons travailler. (*à Clémence en s'en allant.*) Je suis sûre de ton triomphe, mais je n'en serai pas jalouse. Chère Clémence, tous mes vœux sont pour toi.

SCENE V.

CLAIRE, *seule.*

Voilà mes deux rivales... Voilà les deux élèves que je déteste le plus... Et dire que la faute que j'ai commise pour leur ravir le succès est inutile... Car c'est une grande faute, je le sens maintenant qu'Amélie me l'a reprochée, plus encore que quand je tremblais d'être surprise. Oh! je la hais aussi cette Amélie qui, d'un mot, peut me rendre l'objet du mépris de mes compagnes et de la défiance de mes maîtresses... Je la crains, mais moins encore que les deux autres, car sa paresse ne me laisse aucun doute sur le succès auquel elle peut prétendre, et son étourderie me rassure, en me faisant espérer que, les vacances passées, elle ne songera plus à ce qu'elle m'a vue faire hier. Nous quitterons le pensionnat ce soir, et, d'ici-là peut-être, elle aura à parler de trop de choses pour songer à s'occuper de moi... Ce qui me désole le plus, c'est que je n'aurai pas le prix... Cinq fautes et Clémence n'en avait qu'une!... Il fallait bien que ce maudit courrier arrivât aujourd'hui... Mais rien ne me réussit, à moi... Je travaille autant que qui que ce soit, et je ne puis gagner la première place... Elle appartient presque toujours à Clémence, et Eugénie seule peut la lui disputer. A l'une d'elles le brillant avenir dont la pensée fait battre mon cœur... Suis-je assez à plaindre?...

SCENE VI.

CLAIRE, Mme DELAUNAY, CLÉMENCE.

CLÉMENCE.

Que je suis heureuse de te voir, ma bonne mère, et que je te remercie d'être venue! Mais tu es pâle, maman, tu souffres beaucoup !

Mme DELAUNAY.

Ce n'est rien, mon enfant, rien qu'un peu de fatigue. Il y a si longtemps que je ne suis sortie! Mais je te vois, ma Clémence, je t'embrasse... Oh! je suis bién, je me sens forte.

CLÉMENCE.

Nous serons tranquilles dans cette salle. Assieds-toi là, maman, et causons.

Mme DELAUNAY, *montrant Claire.*

Mademoiselle est peut-être l'amie dont tu m'as parlé dans tes lettres.

CLAIRE.

Non, madame, je n'ai pas cet honneur, bien que personne plus que moi ne rende justice au mérite de Clémence.

CLÉMENCE.

Je suis fâchée de te déranger, Claire; mais toutes les salles de réception sont remplies, et je voudrais parler un instant à ma mère.

CLAIRE.

Je me retire, madame... (*Elle salue et sort.*)

SCÈNE VII.

Mme DELAUNAY, CLÉMENCE.

Mme DELAUNAY.

Viens auprès de moi, mon enfant, plus près encore, que je te voie mieux... Mes yeux ont versé tant de larmes qu'ils en sont affaiblis. Mais tu es belle, ma fille, tu es grande et forte, ton front est serein, ta bouche souriante, tu parais heureuse comme autrefois. Merci, Clémence, cette vue me fait du bien ; je redoutais si fort ta tristesse.

CLÉMENCE.

Je ne suis plus triste, bonne mère, l'espoir m'est revenu. Peut-être ta fille parviendra-t-elle à continuer de s'instruire, sans que ta situation en devienne plus précaire. Oh ! tu ne sais pas, maman, quels doux projets j'ai formés depuis une heure.

Mme DELAUNAY.

Je les devine, ma Clémence, et je prie Dieu de les réaliser. Quoi, ma fille, ce prix tant envié, tu pourrais l'obtenir ! Je serais désormais sans inquiétude sur ton sort... Quel bonheur ! A moi le travail et la douleur ; je ne me plaindrai pas ; car, si je succombe, tes sœurs trouveront en toi une autre mère. Mais non, l'espoir donne du courage et des forces ; je vivrai pour te voir heureuse, et nulle fatigue ne me coûtera pour empêcher d'ici là la misère d'entrer sous notre toit.

CLÉMENCE, *à part.*

Mais cette fatigue, ne dois-je pas la partager. Ma mère n'a-t-elle pas le droit de compter sur mon travail, pour l'aider à élever sa famille? J'avais oublié notre extrême pauvreté... Non, je ne resterai point. Mais cachons-lui cette détermination qu'elle essaierait de combattre. (*Haut.*) Il n'est pas certain, maman, que j'obtienne ce prix. Eugénie et Claire peuvent l'emporter sur moi. Mais, sois-en sûre, excellente mère, je le verrai m'échapper sans trop de regret, et je consacrerai avec joie ma vie à adoucir les amertumes de la tienne. Crois-moi, maman, en souffrant ensemble, nous souffrirons moins.

Mme DELAUNAY.

Tu as raison, ma fille, de ne pas trop te flatter de réussir, et j'aime à te voir résignée d'avance à tout ce qui peut arriver. Cependant, prends courage et applique-toi comme si tu étais sûre de ce succès qui me rendrait si heureuse. Je te laisse, mon enfant; car bientôt, m'as-tu dit, tu devras présenter le travail exigé. Adieu, ma fille, puisse ce baiser te porter bonheur! (*Elle l'embrasse et sort.*)

SCÈNE VIII.

CLÉMENCE, *seule.*

Non, je ne réussirai point... Je ne le veux pas... Pauvre mère! elle ferait le sacrifice de la seule joie qu'elle puisse espérer, de la seule ressource sur laquelle il lui soit permis de compter, la présence et le travail de sa fille aînée... J'irais, oublieuse des plus saints devoirs, mener une vie douce et heureuse, je rirais avec mes compagnes, je me livrerais à mes goûts chéris, pendant que, sous son humble toit, ma mère, épuisée de fatigue, brisée de douleur, se pencherait tristement sur le berceau de son dernier né, et arroserait de larmes le pain noir, fruit de ses sueurs et de ses veilles... Non, non, cela ne sera point. Ma place est auprès de ma mère ; nulle autre ne saurait me convenir. Je vais faire ma composition. Voyons le sujet : (*Elle prend un cahier*...) L'amour filial. L'amour filial... Ah ! je n'aurais qu'à peindre fidèlement ce que j'éprouve pour avoir quelque droit aux suffrages de nos professeurs, car l'annonce de notre malheur a doublé en moi la puissance de ce sentiment que Dieu grave dans l'âme des enfants, pour qu'ils fassent la joie et la consolation de ceux qui leur ont donné le jour...

SCÈNE IX.

CLÉMENCE, EUGÉNIE, *entrant sans être entendue et se tenant à l'écart.*

CLÉMENCE, *se croyant toujours seule.*

Mais non, je ne dois ni ne veux réussir... Que mon cœur reste donc froid et insensible, qu'il ne dicte à ma plume aucune des douces et saintes pensées qui le remplissent... A d'autres cette palme tant enviée!... A moi le soin de soulager ma mère!... Écrivons. (*Elle écrit.*)

EUGÉNIE, *à demi-voix.*

Que dit-elle donc? Ah! je comprends... Elle renonce à l'avenir qui lui est offert; elle y renonce pour aller partager la misère de sa famille. Quel bon et généreux cœur! Je vais tout conter à notre digne maîtresse. Elle saura apprécier un tel dévouement, et, je l'espère, le rendre inutile. (*Elle sort.*)

SCÈNE X.

CLÉMENCE, *seule.*

Enfin, c'est terminé. (*Elle relit ce qu'elle vient d'écrire.*) Bien! Des idées communes et mal exprimées, de vraies banalités... Puis des répétitions... Là une omission de mot, ici une faute de français. Je vais porter ce travail incomplet et plein de négligences aux juges chargés de l'examiner. Oui, allons... Sacrifions l'amour-propre à l'amour filial.

(*Elle va pour sortir d'un côté, Eugénie rentre par l'autre, Amélie la suit.*)

SCÈNE XI

EUGÉNIE, CLÉMENCE, AMÉLIE.

EUGÉNIE, *accourant.*

Clémence ! Clémence ! où donc est-elle ?

CLÉMENCE.

Me voici. Je viens de finir ce travail et je vais le remettre à Mme de Cerny.

EUGÉNIE.

A toi le prix, Clémence ! A toi !... Que je sois la première à t'en féliciter. (*Elle l'embrasse.*)

AMÉLIE.

Et moi donc ! Embrasse-moi aussi, Clémence, car je suis bien heureuse de tes succès.

CLÉMENCE.

Merci, mes bonnes amies... Mais vous êtes dans l'erreur. Je vous assure que je n'aurai pas le prix, et c'est à toi, chère Eugénie, qu'il appartiendra, j'espère...

EUGÉNIE.

A moi !... Non, Clémence... Mais je m'en console, car, je te l'ai dit, tous mes vœux étaient pour toi. La seule chose que je désire, c'est que tu me gardes cette tendresse de sœur dont jusqu'à présent, tu m'as donné tant de preuves.

CLÉMENCE.

Est-ce que cette affection ne t'est pas pour toujours acquise? Mais je te le répète, Eugénie, ton amitié pour moi t'aveugle et je dois te détromper. Non, je n'aurai pas le prix.

SCÈNE XII.

EUGÉNIE, CLÉMENCE, AMÉLIE, Mme DELAUNAY, Mme DE CERNY, CLAIRE, UNE DOUZAINE DE JEUNES PENSIONNAIRES.

Mme DELAUNAY.

Mon enfant! Ma Clémence! Viens que je te presse sur mon cœur... Tu me rends aujourd'hui la plus fière et la plus heureuse des mères. Tu as préféré l'obscurité à l'éclat, la misère à la richesse; tu as renoncé à un avenir doux et brillant, parce que je ne pouvais le partager. Sois bénie, ma fille!... Ce seul instant me fait oublier bien des années de souffrance.

CLÉMENCE.

Mais qui donc a pu te dire, ma bonne mère, que je voulais?...

Mme DE CERNY.

Eugénie a surpris votre secret, ma chère enfant, et elle l'a trahi. Amenée par elle auprès de cette porte, je vous ai entendue vous applaudir du peu de mérite de votre travail, et faire au plus généreux sentiment le sacrifice d'une ambition qu'il vous eût été facile de justifier, même à vos propres yeux. J'ai rendu compte de ces faits aux sages examinateurs que je me suis adjoints, et, comme la volonté de la reine est que le grand prix soit décerné à la vertu autant qu'à la science, c'est à vous, Clémence, qu'il a été décerné d'une commune voix.

CLÉMENCE.

Ce précieux suffrage me comble de joie et remplit mon cœur de reconnaissance ; mais vous, madame, qui savez si bien apprécier tout ce qui est noble et bon, vous me pardonnerez, n'est-ce pas, de renoncer aux avantages dont vous vouliez me mettre en possession et de vous quitter pour suivre ma mère.

Mme DELAUNAY.

Vous l'entendez, madame. Ah ! dites si je ne suis pas une heureuse mère !...

Mme DE CERNY.

Bien, mon enfant, bien !... Vous allez partir, j'y consens. (*Clémence court auprès de Mme Delaunay.*) Vous allez partir ; mais vous reviendrez. Le représentant envoyé par la reine pour présider cette joyeuse fête, s'est chargé, au nom de Sa Majesté, du sort de madame votre mère qu'une longue infortune, noblement supportée, rend digne du plus bienveillant intérêt.

CLÉMENCE.

Mon Dieu ! Mon Dieu ! qu'ai-je donc fait pour mériter tant de bonheur ?... (*Elle se jette dans les bras de sa mère, puis dans ceux de Mme de Cerny.*)

Mme DE CERNY.

Ce que vous avez fait? Clémence. Vous avez tout oublié pour n'écouter que votre devoir. Venez, ma fille, venez toutes, mes enfants chéries. Vos parents, vos amis sont là, attendant avec impatience le moment de vous couronner et de payer d'une larme de joie votre application et vos progrès. Venez recevoir cette douce récompense.

(*Toutes les pensionnaires entourent Clémence, lui prennent les mains et la félicitent.*)

EUGÉNIE.

Jouis de ton bonheur, chère Clémence ; car, tu le vois, nous le partageons toutes.

CLAIRE, *qui était restée en arrière, s'approche.*

Oui, toutes. Et c'est peut-être là, Clémence, le plus beau de ton triomphe. (*Clémence l'embrasse.*)

CLÉMENCE, *apercevant Amélie triste et rêveuse.*

Tu ne dis rien, Amélie ; est-ce que tu serais jalouse?

AMÉLIE.

Jalouse ! Tu sais bien que non, bonne Clémence. Mais je suis triste, oh! bien triste, je n'aurai pas de prix... Comprends-tu ? pas de prix...

Mme DE CERNY.

Peut-être êtes-vous excusable, mon enfant. Vous ne saviez pas comme le cœur bat, comme le front rougit, soit de bonheur, soit de honte, en ce jour solennel. Mais l'année prochaine...

AMÉLIE.

Oh ! l'année prochaine, madame, je vous le promets, je serai la plus studieuse et la plus docile de vos élèves. Car je veux, à l'exemple de Clémence, faire le bonheur de mes parents.

FIN DE L'AMOUR FILIAL.

LA DOUBLE ÉPREUVE.

PIÈCE EN UN ACTE.

PERSONNAGES.

Mme VARNER.
HENRIETTE, sa fille.
CÉCILE, sa nièce.
Mme DE PRÉVAL, amie de Mme Varner.
LOUISON, paysanne, élève de Cécile.
Mlle BERTRAND, modiste.

LA DOUBLE ÉPREUVE.

SCÈNE PREMIÈRE.

Mme VARNER, HENRIETTE, CÉCILE.

Mme Varner brode, Cécile étudie, Henriette tient aussi un livre ; mais elle le laisse tomber sur ses genoux, et, ouvrant son nécessaire placé sur une table auprès d'elle, elle se regarde dans la glace qu'il renferme, pour lisser ses cheveux et s'admirer ensuite.

Mme VARNER, *avec humeur.*

Laissez-là vos livres, Cécile, et venez m'aider à cette broderie.

CÉCILE.

Volontiers, ma tante.

Mme VARNER.

Oh ! volontiers... Il m'est bien permis d'en douter. Si vous étiez bonne, vous ne m'auriez pas obligée à vous demander ce léger service ; car vous savez que demain madame de Préval donne une soirée et que je tiens beaucoup à terminer cette garniture, grâce à laquelle la robe d'Henriette sera charmante. Mais vous n'avez nulle affection pour votre cousine, nulle attention, nulle prévenance pour moi.

CÉCILE.

Je craignais, ma tante, de ne pas travailler assez bien ; sans cela je vous assure que cette broderie serait maintenant terminée. (*Elle s'approche de Mme Varner et travaille avec elle.*)

Mme VARNER.

C'est bien ! Nous savons que les excuses ne vous manquent jamais.

HENRIETTE.

Toutefois, celle-ci n'est pas acceptable ; car tu es adroite comme une fée, et tu dois le savoir : on te l'a dit bien souvent.

CÉCILE.

Ne parle pas de cela, Henriette. Madame de Préval est mille fois trop bonne, et ce qui le prouve, c'est qu'elle seule a jusqu'à présent bien voulu m'encourager au travail et me prédire quelque succès.

Mme VARNER.

Est-ce un reproche que vous m'adressez?

CÉCILE.

Pourriez-vous le croire, ma tante? Un reproche ! Oh ! non. Je voulais seulement faire comprendre à Henriette que si je reçois avec la plus vive reconnaissance les éloges de madame de Préval, ils m'inspirent peu de confiance en moi-même ; car je reconnais ne pas les mériter.

HENRIETTE.

Tu es trop modeste, Cécile. Mais tu me permettras de te faire observer que ta conduite est souvent en désaccord avec cette médiocre opinion que tu parais avoir de toi-même. Qu'en dis-tu, chère maman ?

Mme VARNER.

Je pense absolument comme toi, mon enfant. La franchise n'est pas la vertu de ta cousine.

HENRIETTE.

Tu ferais bien mieux, Cécile, de nous dire que madame de Préval est la personne que tu aimes le plus, parce que c'est la seule qui sache t'apprécier et te témoigne, en toutes circonstances, l'intérêt le plus tendre et le plus flatteur. A cela je te répondrais : Madame de Préval est une excellente femme, mais...

CÉCILE.

Mais ?...

HENRIETTE.

Ah ! tu es curieuse... Moi qui n'osais pas te croire de défauts... Et d'un... Les autres se montreront sans doute. Tout vient à point à qui sait attendre. Nous disions donc...

CÉCILE.

Tu disais : Madame de Préval est une excellente personne, mais... Achève.

HENRIETTE.

Mais elle a des idées étranges, des manies, des ridicules...

CÉCILE.

Et pourrait-on savoir lesquels ?

HENRIETTE.

Rien n'est plus facile. D'abord elle voudrait qu'une demoiselle de seize ans ne prît pas plus de place dans la conversation qu'une petite fille de douze ans ; qu'elle ne sût rien de ce qui se passe dans le monde ; qu'elle ne connût d'autres livres que sa grammaire, sa géographie, son cours d'histoire et son paroissien ; enfin qu'il lui fût indifférent d'être vêtue selon la dernière gravure du journal des modes ou comme l'était son aïeule au jour de ses noces. Elle ne peut supporter qu'on raille qui que ce soit, ou qu'on s'égaie aux dépens des absents. Si cela vous arrive par mégarde devant elle, la plaisanterie fût-elle des plus neuves et des plus spirituelles, madame de Préval prend son grand air sérieux et personne n'ose ni rire ni vous féliciter.

CÉCILE.

Est-ce tout?

HENRIETTE.

Non vraiment. Et le mode d'éducation qu'elle voulait que maman suivît pour moi!...(*Elle rit.*) Ne voulait-elle pas me rendre savante comme un docteur, économe et soigneuse comme une petite bourgeoise, habile au travail comme une ouvrière à gages, et, par-dessus tout, niaise comme une pensionnaire?

CÉCILE.

Et ce sont là des idées étranges, des manies, des ridicules?

HENRIETTE.

Oui, ce sont des idées étranges, des préjugés passés à l'état de manie et de manie fort ridicule. Que ce soit ou non l'expression propre, je la maintiens; car seule elle rend fidèlement ma pensée. Mais j'oubliais que vous êtes trop savante, ma chère cousine, pour qu'il soit possible de causer avec vous, ne fût-ce qu'un instant.

CÉCILE.

Mon Dieu! Henriette, tu as beaucoup plus d'esprit que moi, tu causes avec beaucoup plus de facilité, tu le sais bien et tu ne peux croire que je veuille te reprendre. Mais ce que tu oublies, c'est que madame de Préval est la meilleure amie de ta mère, et que tout le monde s'aperçût-il de ses travers d'esprit, de ses manies, de ses ridicules, toi, du moins, tu devrais les ignorer.

HENRIETTE.

Donc, ce n'est pas une leçon de français que tu me donnes: c'est une leçon de morale et de savoir-vivre.

Mme VARNER.

Que mademoiselle me permettra de lui renvoyer. Car elle devrait savoir qu'en présence de sa mère, ma fille n'a d'avis ou de réprimande à recevoir de qui que ce soit. Vous devenez d'un orgueil insupportable, Cécile, et si je n'y mets ordre promptement, ma conduite même ne sera plus, je le crains, à l'abri de votre censure.

HENRIETTE.

Ne te fâche pas, maman, tu te rendrais malade. Dernièrement, tu t'en souviens, à la suite d'une scène semblable, tu as été obligée de garder la chambre pendant plusieurs jours. Et c'est demain la soirée, petite mère chérie... Il faut que tu m'y conduises et que tu m'y voies parée de cette charmante broderie à laquelle tu travailles depuis si longtemps. Mais dis-moi, bonne mère, les invitations sont-elles faites?

Mme VARNER.

Les lettres sont sur ma commode. Mais je pense que Mme de Préval ne se contentera pas pour nous d'une invitation écrite. J'attends sa visite aujourd'hui.

HENRIETTE.

Tu ne sais pas, chère maman, quelle toilette, après la mienne, je serai la plus curieuse de voir à cette fête ?

Mme VARNER.

La mienne, peut-être ?

HENRIETTE.

Non, maman. Tu es douée d'un goût si parfait que le moindre ajustement te sied toujours à ravir. Mais je veux parler de cette bonne Mme de Préval, qui est de ton âge, et qu'on pourrait croire ta mère, tant elle semble prendre à tâche de se vieillir et de s'enlaidir.

Mme VARNER.

Allons, Henriette, ne sois pas méchante, je t'en prie. Car, après tout, je l'aime, cette pauvre Marguerite. Elle a été jeune, belle et enviée ; elle a fait les délices des plus nobles salons et porté gracieusement les plus riches parures. Puis le malheur est venu la frapper, et elle a tant pleuré, tant souffert, que sa jeunesse et sa beauté se sont usées en quelques mois, et qu'elle a mis de côté, pour ne plus les revoir, ses dentelles et ses diamants.

HENRIETTE.

Oui, je le sais, elle a perdu son mari, puis sa fille. Mais il y a si longtemps de cela !...

Mme VARNER.

C'est qu'on n'oublie pas de telles douleurs. Et si je te perdais, toi, mon Henriette, toi, le seul objet de ma tendresse, crois-tu donc que je m'en consolerais?

HENRIETTE.

Laissons ce sujet, bonne mère; il nous attristerait, et je ne veux pas être triste, moi, puisque le chagrin use si vite la jeunesse et la beauté.

Mme VARNER.

Rassure-toi, mon ange. Tant que tu auras ta mère, pas une larme ne s'échappera de tes yeux qu'elle ne se hâte de l'essuyer; pas un souci ne ridera ton front qu'elle ne s'empresse de l'en chasser. Chacun de tes désirs sera toujours pour elle un ordre absolu. On dira peut-être que j'ai tort, que je suis trop faible, trop indulgente; mais pourvu que tu m'aimes et que tu sois heureuse, que m'importe le reste!

HENRIETTE.

Et je t'aime, ma bonne mère... Et je serai heureuse, quoi qu'en dise quelquefois Cécile.

Mme VARNER.

Ah!... Et sur quoi ta cousine fonde-t-elle ces douces prévisions? Sur la joie qu'elle éprouverait à te voir expier un jour dans les larmes le bonheur dont elle te fait un crime aujourd'hui. On croit facilement ce qu'on désire; mais, grâce à Dieu, mademoiselle, les calculs des envieux sont souvent trompés.

CÉCILE.

Ma tante... Combien vous me faites de peine!... Moi, souhaiter le malheur d'Henriette! Oh! non, vous ne pouvez pas le croire. Dites, je vous en prie, dites que vous ne le croyez pas... Mais comment donc ai-je pu vous donner de moi une semblable idée?... Qu'ai-je dit, qu'ai-je fait, pour que vous me jugiez avec tant de sévérité; et, j'ose le dire, avec tant d'injustice? Oui, j'envie le sort d'Henriette, il est vrai; j'envie le bonheur d'être aimée comme elle l'est; mais pour rien au monde je ne voudrais la voir moins heureuse, ou moins aimée; pour rien au monde je ne voudrais qu'elle se trouvât un jour triste et délaissée comme moi.

Mme VARNER.

Encore un reproche! Mais si vous êtes délaissée, à quoi le devez-vous, si ce n'est à votre mauvais caractère? Mademoiselle est rêveuse; moi, je dis maussade : pendant que les autres jeunes filles rient et causent, elle pleure à l'écart. Cela n'a pas le sens commun.

CÉCILE.

Oui, ma tante, vous avez raison, je dois avoir un mauvais caractère. Mais si vous et Henriette, vous vouliez m'aimer un peu, je me corrigerais, soyez-en sûre. Il est si doux d'être aimée...

HENRIETTE.

Ah! ma pauvre Cécile, tu tombes dans le sentimental. Prends donc garde, tu nous ferais penser que pendant que nous te croyons bien occupée à étudier, tu lis quelque détestable roman de femme incomprise. Maman et moi nous t'aimons et nous ferons pour toi tout ce que nous pourrons, sois tranquille.

Mme VARNER, *à Henriette.*

Viens que je t'embrasse, cher ange; car tu es aussi bonne qu'il est possible de le désirer.

HENRIETTE.

Oui, nous ferons du bien à Cécile. Si elle veut rester toujours avec nous, nous la garderons; si elle veut donner des leçons, nous la recommanderons à nos amies de Paris; si elle veut entrer dans un cloître, nous la doterons. Tu le voudras bien, n'est-ce pas, maman?

Mme VARNER.

Sans doute. Et quand Cécile ne serait pas la fille de mon frère, ne suffirait-il pas que cela te fît plaisir pour que j'y consentisse de grand cœur? Vous voyez, Cécile, combien vous êtes ingrate quand vous dites que cette chère enfant ne vous aime point.

CÉCILE.

Merci, Henriette. Mais je ne crains rien de l'avenir. Je suis orpheline, je dois le croire, du moins, puisque depuis deux ans que mon père s'est embarqué pour Saint-Domingue, aucune lettre n'est venue me rassurer sur son sort; mais je ne suis pas pauvre. Les faibles talents que je dois aux bontés de ma tante me mettront toujours à l'abri du besoin, et mes désirs sont si modestes que je ne puis manquer de les voir satisfaits.

HENRIETTE.

Tant mieux, Cécile, je voudrais pouvoir en dire autant. Mais je suis loin de ressembler à ce sage dont tu me parlais l'autre jour et dont j'ai déjà oublié le nom, qui, passant devant de nombreux objets de luxe et de commodité, disait en se félicitant lui-même : Que de choses dont je puis me passer. Mais dis donc, maman, M. Alfred de Préval dont on veut demain fêter le retour, est-il ici pour longtemps?

Mme VARNER.

Mais oui, je le crois. On assure même qu'il désire s'y marier, et qu'une fois marié, il ne quittera plus que rarement sa mère dont il est l'unique joie.

HENRIETTE.

Se marier... Mais avec qui?

Mme VARNER.

Ah! ceci, c'est son secret sans doute. Tout ce que je sais, et d'après les on dit seulement, c'est qu'il doit épouser une jeune fille qu'il a vue à Paris, l'hiver dernier, chez Mme de Préval.

HENRIETTE.

Mais l'hiver dernier nous n'avons manqué aucune des réceptions de Mme de Préval.

Mme VARNER.

Aussi nous devrions connaître sa future belle-fille. Mais comme Marguerite recevait une société quelque peu nombreuse, nous ne pouvons savoir de qui il est question.

HENRIETTE.

Tiens, maman, il me semble que, même avec cette garniture, ma robe ne fera pas très-bon effet. Puis, je l'ai déjà mise une fois, et je serais désolée d'être moins bien que Mlles Dambray et Mlles de Lussac qui, sans nul doute, viendront à cette fête.

Mme VARNER.

Tu te trompes, ma fille, ta robe est charmante: demande-le plutôt à Cécile.

HENRIETTE, *à Cécile.*

Oui vraiment... comme si Cécile ne me trouvait pas toujours trop belle et trop parée.

CÉCILE.

Je t'assure, Henriette, que cette robe est encore très-fraîche.

HENRIETTE.

Libre à vous de la trouver telle. Mais elle ne me plaît pas, elle ne m'a jamais plu; j'en veux une autre.

Mme VARNER.

Enfant gâtée! J'ai prévu ce caprice et tu as une autre robe, beaucoup plus jolie que celle dont tu parles. Es-tu contente? Tu ne devais le savoir qu'au moment de t'habiller; mais il n'y a pas moyen de te ménager une surprise.

HENRIETTE.

J'ai une autre robe bien jolie, plus jolie que toutes celles de ces demoiselles?

Mme VARNER.

J'en réponds.

HENRIETTE.

Je veux la voir.

Mme VARNER.

Tu la verras demain.

HENRIETTE.

Non, tout de suite, je le veux... Et toi aussi, car tu ris... Allons! viens me la montrer et si elle est aussi belle que tu le dis, je ferai la paix avec toi et tu auras deux gros baisers. (*Elle entraîne sa mère.*)

Mme VARNER, *se laissant conduire.*

Elle a conservé toute la gentillesse, toute la mutinerie de l'enfance. Elle est charmante...

SCÈNE II.

CÉCILE, *seule.*

Enfin les voilà parties... Je respire... Qu'il est bon d'être un peu seule, de pouvoir causer un instant avec soi-même, de ne plus craindre d'être rebutée, d'être raillée, de voir prendre en mal tout ce qu'on dit, d'entendre calomnier tout ce qu'on pense... Il y a des moments où, en vérité, je ne sais plus qui je dois croire, ou de ma conscience qui ne me reproche rien, ou de ma tante qui m'accuse sans cesse... Car ma tante n'est pas méchante : elle secourt volontiers les pauvres, et nulle infortune ne la trouve insensible. Pour me tourmenter ainsi sans raison, il faudrait qu'elle me haït. Et la haine ne prend racine que dans les mauvais cœurs... D'ailleurs, pourquoi me haïrait-elle? Moi, je l'aime, malgré sa dureté, et je ne demanderais qu'un mot de bienveillance pour lui vouer tout l'amour qui eût appartenu à ma mère, si Dieu ne me l'eût pas reprise. Oh! pourquoi l'ai-je perdue?... Ses soins touchants, ses sages leçons auraient fait éclore dans mon âme toutes les vertus de la sienne... Son sourire aurait appris le sourire à mes lèvres... Ses baisers auraient mis sur mon front la douce gaieté, charmante couronne de la jeunesse et de l'innocence... Auprès d'elle j'aurais été indulgente et bonne : il est si facile d'être bonne quand on est heureuse... Ma mère!... Ah! si j'avais une mère, si Dieu, dans sa bonté, m'envoyait un guide, un conseil, une amie qui eût pour moi, je ne dirai pas toute la tendresse d'une mère, mais un peu de son indulgente sollicitude... Si ma tante me connaissait enfin. Si elle me témoignait quelque affection, combien je l'aimerais!... Mais non, elle croirait frustrer Henriette de la tendresse qu'elle m'accorderait, et lui voler les bonnes paroles qu'elle m'adresserait. Si elle se laissait toucher par ma douceur, ma soumission, mes prévenances?... Mais elle ne les voit pas... Si mes larmes lui inspiraient quelque pitié? Mais ces larmes, elle en rit, ou elle me les reproche... Ah! je suis bien malheureuse!...

SCENE III.

CÉCILE, LOUISON.

LOUISON, *accourant.*

Me voici, mam'selle Cécile, me voici. Mon petit frère vient de s'endormir, et j'arrive, tout essoufflée, prendre ma leçon. Vous verrez comme j'ai bien étudié; j'ai déchiffré deux lignes toute seule!... Mais qu'est-ce que vous avez donc, mam'selle?

CÉCILE.

Je n'ai rien, Louison?

LOUISON.

Oh! si fait, mam'selle, vous avez les yeux tout rouges et, tenez, v'là encore une grosse larme qui tombe malgré vous. Madame vous aura encore grondée, c'est sûr. Pauvre mam'selle Cécile, va! Si bonne, si douce, pas fière du tout... Et dire que madame ne peut pas la souffrir... Il y a des gens bien injustes.

CÉCILE.

Tu te trompes, Louison, je n'ai à me plaindre de personne. Si je pleure, c'est que chaque jour j'attends une lettre de mon père et que chaque jour m'enlève un peu de l'espérance que je voudrais garder encore de le revoir. Va, j'ai bien sujet de pleurer, Louison. Car il est impossible qu'à présent je ne sois pas tout à fait orpheline.

LOUISON.

Faut pas désespérer comme ça, mam'selle... Le bon Dieu est bon et ceux auxquels vous faites du bien, moi la première, le prient pour vous tous les jours.

CÉCILE.

Merci, mon enfant. Prends ton livre et viens t'asseoir ici. (*Louison s'assied.*) Mais vois-tu, Louison, si tu veux que nous restions bonnes amies, ne me dis jamais de mal de ma tante. Si elle est quelquefois sévère pour moi, c'est parce que je le mérite et non parce que, comme tu le crois, elle ne peut me souffrir. Tu connais le proverbe : *Qui aime bien, châtie bien.*

LOUISON.

Je n'ai été que deux mois à l'école. Je n'étais pas plus haute que ça (*elle montre la table*), et quand la maîtresse, qui n'était pas douce du tout, s'avisait de nous fouetter, elle nous répétait toujours ce que vous venez de dire là, mamselle ; si bien que, rien que d'entendre votre proverbe, j'en ai la chair de poule. Et je crois bien, sauf vot' permission, que c'est comme ça que madame vous aime.

CÉCILE.

Louison, tu me fais de la peine et je vais te renvoyer.

LOUISON.

Oh ! je suis bien sûre, mam'selle que vous n'en auriez pas le cœur. Qui est-ce qui m'apprendrait à lire, qui est-ce qui me ferait étudier mon catéchisme et m'enseignerait à aimer le bon Dieu ? Ce ne serait pas mam'selle Henriette, n'est-ce pas ?

CÉCILE.

Encore !... C'est mal, Louison, c'est mal.

LOUISON.

Allons, mam'selle, je vous obéirai, car je serais bien fâchée de vous fâcher. Ainsi, bouche close, je prends mon livre. Nous en étions restées là, en haut de la page. Tenez, mam'selle.

CÉCILE *jette un coup d'œil sur le livre et travaille.*

C'est bien, j'y suis. Tu peux lire.

LOUISON, *s'arrêtant à chaque syllabe.*

La re-con-nais-san-ce est la mé-moi-re du cœur. Oh ! ça, mam'selle, c'est vrai et cette mémoire-là, ce n'est pas comme celle des lièvres, ça ne se perd pas en courant ; car je vivrais cent ans que je n'oublierais jamais tout le bien que vous m'avez fait.

CÉCILE.

C'est pour cela sans doute que tu es si docile. Mais voyons la phrase suivante.

LOUISON.

Je vas l'étudier un peu ; car à présent, il ne faut plus que vous m'aidiez, je veux deviner toute seule. (*Elle regarde d'abord alternativement son livre, puis Cécile, puis elle finit par laisser tomber le livre pour contempler Cécile, occupée de sa broderie.*)

CÉCILE, *relevant tout à coup la tête.*

Eh bien ! Louison, que fais-tu donc? Est-ce ainsi que tu étudies ?

LOUISON.

Ah ! c'est vrai, mam'selle, excusez-moi, je ne pensais plus à ma leçon.

CÉCILE.

Et à quoi pensais-tu donc ?

LOUISON.

Dam ! mam'selle, à une aventure qui m'est arrivée ce matin.

CÉCILE.

Et pourquoi me regardais-tu de cette manière ?

LOUISON.

Si je vous le disais, mam'selle, vous vous fâcheriez peut-être.

CÉCILE.

Et si je te promettais de ne pas me fâcher.

LOUISON.

Eh b'en, mam'selle, je vous regardais et je me disais comme ça : c'est qu'elle est belle tout de même, mam'selle Cécile ; c'est qu'elle a des grands yeux tout bleus, puis des cheveux blonds, fins comme de la soie et si longs que c'est une admiration, une petite bouche qui rit d'un rire si doux que ça vous fait plaisir à voir et puis une voix qui vous remue le cœur quand elle vous dit : Allons, Louison, espoir et courage ! Soigne bien ton petit frère qui n'a plus que toi, et le bon Dieu te bénira. Tenez, mam'selle, je n'y avais pas encore pensé ; mais vous êtes plus belle que mam'selle Henriette.

CÉCILE.

De quoi vas-tu t'occuper là ? ma pauvre Louison. Tu avais donc bien grande envie de parler, sans avoir rien à dire, pour qu'il te vînt en idée de me complimenter sur ma prétendue beauté.

LOUISON.

Ah ! que si fait, mam'selle. Mais c'est qu'en vous regardant, j'ai pensé que ça pouvait bien être de vous qu'il s'agissait.

CÉCILE.

Que veux-tu dire ?

LOUISON.

C'est juste, vous n'êtes pas au fait de l'histoire. Voici : ce matin j'étais partie porter la soupe aux moissonneurs, je tenais le petit ; mais voilà qu'en revenant, il s'endort sur mon bras ; je le pose bien doucement sur l'herbe et je me mets à cueillir des marguerites, des bleuets, des coquelicots, enfin toutes sortes de fleurs. Pendant ce temps-là un beau monsieur vient à passer. — Tu as là un joli bouquet, ma petite, qu'il me dit, veux-tu me le vendre ? — Oh ! non, monsieur, que je lui réponds, je l'ai cueilli pour quelqu'un. — Pour ta mère, sans doute ? — Faites excuse, monsieur ; ma mère est devant le bon Dieu. C'est pour une demoiselle qui m'a dit qu'elle tâcherait de la remplacer et qui m'apprend à lire. — Très-bien. Et cette demoiselle demeure là-bas, à la maison blanche, n'est-ce pas? — Vous y êtes, mon bon monsieur. — Et tu dis qu'elle est bonne? — Comme un ange ou une sainte du paradis, ni plus ni moins. — C'est cela, on ne m'avait pas trompé, qu'il ajoute, aussi bonne que belle! — Oh! que oui, monsieur, qu'elle est belle, que je lui réponds, quand elle va les beaux dimanches à la messe, en grande toilette, avec Mme Varner. Là-dessus il se met à rire et je vois que j'ai dit une bêtise, qu'il ne voulait parler ni de la robe ni du chapeau de la demoiselle, mais de sa figure. Je ne vous avais jamais bien regardée, mam'selle Cécile; mais comme maman me répétait toujours: Quand on est bonne, on est belle, je réponds: Oh! oui, monsieur, elle est bien belle! — Elle ne quitte pas Mme Varner? qu'il me fit encore, Mme Varner l'aime tant! — Pour le coup, je commence à penser que nous ne nous étions pas compris du tout, qu'il sagissait de Mlle Henriette, et comme je ne me souciais d'en dire ni du bien ni du mal, je fais la révérence, pour aller retrouver le petit qui justement venait de s'éveiller. — Tiens, ma fille, me dit-il, prends cela pour acheter des bonbons à ce marmot. Et il me présente une belle pièce de cent sous toute neuve. C'était la seconde de ma vie, en comptant celle que vous m'avez donnée une fois, vous savez, mam'selle, quand ma pauvre maman était bien malade. Je voulais le remercier, ce brave monsieur, mais j'étais si suffoquée que quand j'ai commencé de parler, il était déjà loin.

CÉCILE.

Connais-tu ce monsieur? Louison.

LOUISON.

Je ne l'ai jamais vu, mam'selle ; mais je suis sûre que c'est le fils à Mme de Préval ; car Robert le fermier et Jacques le garde étaient avec lui.

CÉCILE.

Tu conteras cela à ma tante, Louison ; car c'est de ma cousine Henriette que M. de Préval voulait parler.

LOUISON.

Vous croyez, mam'selle ? Eh b'en ! si c'est comme ça, en v'là encore un qui sera fièrement trompé.

CÉCILE.

As-tu déjà oublié ce que tu m'as promis, Louison ? Fais-y donc attention, mon enfant. Si ce n'est pas assez de te le recommander, je t'en prie. Et une autre fois, quand tu viendras prendre ta leçon, tâche de n'avoir rien à raconter ; car l'heure se passe sans profit pour toi.

LOUISON.

C'est vrai, mam'selle, et puis je vous ennuie. Mais

c'est égal, c'est une fière aubaine que j'ai eue là. Cinq francs ! Avec ce que je pourrai ménager d'ici là, le petit aura une jaquette et des brodequins tout neufs pour Noël prochain.

CÉCILE.

Et toi donc, ma fille ?

LOUISON.

Et moi ? Ah ! bah ! est-ce que je pense à moi. Ce petit-là, voyez-vous, mam'selle, c'est comme si c'était le mien. Je me rappelle que quand maman me voyait chaudement vêtue, quand elle n'aurait eu que de mauvaises hardes et de méchants sabots, elle était contente. Eh bien ! moi, mam'selle, c'est tout de même.

CÉCILE.

C'est bien, cela, Louison. Tu es une bonne fille.

LOUISON.

Ah ! dame, si je ne l'étais pas, ça serait bien ma faute, car vous me le recommandez toujours, et j'espère que vous me donnez assez l'exemple.

SCÈNE IV.

LES MÊMES, HENRIETTE.

HENRIETTE, *entrant.*

Quel ennui d'avoir des enfants chez soi! Je voulais rester dans ma chambre, mais impossible... Ah! ce n'est pas sans cause. Voici Louison qui, sous prétexte d'apprendre à lire, vient s'amuser ici pendant que son insupportable petit frère crie à s'étouffer.

LOUISON.

Mon frère! J'y cours... C'est qu'il est un peu malade, le pauvre petit; car d'ordinaire, il est bien tranquille. Faut pas lui en vouloir, mam'selle, ni vous en plaindre à madame, je vous en prie. Je vas l'emmener tout de suite.

HENRIETTE.

Tu devrais être déjà près de lui. Va donc!

(*Louison sort.*)

SCÈNE V.

HENRIETTE, CÉCILE.

HENRIETTE.

Ma broderie s'avance-t-elle, Cécile?

CÉCILE.

Regarde, dans une demi-heure j'aurai fini.

HENRIETTE.

Ah! tant mieux, que je puisse enfin juger de ce que sera ma toilette.

CÉCILE.

Trouves-tu ta robe jolie?

HENRIETTE.

Assez; mais elle ne va pas très-bien. Je viens d'envoyer chercher Mlle Bertrand, et si tu avais fini quand elle viendra, j'en serais bien contente.

CÉCILE.

Je vais me hâter, et pour peu qu'elle tarde, tu seras satisfaite.

HENRIETTE.

Mais d'ici là, que vais-je faire? Les minutes sont si longues quand on attend. Qu'est-ce que ce livre? (*Elle prend un volume sur la table de Cécile.*) Un choix des meilleurs morceaux de littérature. (*Elle le repousse.*) Et celui-ci? Une histoire ancienne. (*Même jeu.*) Et cet autre? Un traité de mathématiques. (*Même jeu.*) Ah! bon Dieu... Je tombe de Charybde en Scylla. Que c'est donc ennuyeux la bibliothèque d'une savante! Une savante!... Quel titre ridicule! Et maman qui se hasarde quelquefois à me prier d'essayer de le devenir...

CÉCILE.

Tu pourrais tout ce que tu voudrais, Henriette : tu as une intelligence prompte et sûre, une mémoire merveilleuse...

HENRIETTE.

Mais une paresse plus merveilleuse encore. Et pourquoi, je te le demande, étudierais-je? Je suis riche, on dit que je suis jolie, je ferai un beau mariage et, soit dit en passant, ce sera peut-être bientôt. Qui donc alors viendra s'enquérir de ce que je sais? Je verrai beaucoup de monde, je donnerai des soirées, des concerts; je danse assez bien, je touche d'une manière irréprochable quelques morceaux à effet, je sais assez de tout pour ne pas faire de bévues dans une causerie de salon, je suis aimable quand je le veux : que faut-il de plus? Pour tenir les comptes de ma maison, j'aurai une femme de confiance; si j'ai des enfants, je leur donnerai une institutrice, enfin, si je me fais quelques amies, j'aurai soin de leur dire que je hais la correspondance, et voilà tout. Toi, c'est différent. Tu es orpheline et sans fortune ; les talents et l'instruction que tu acquiers sont ton seul bien, ton seul avenir...

CÉCILE.

Et je ne m'en plains pas. Il me semble qu'il doit

y avoir une certaine jouissance à pouvoir se suffire à soi-même.

HENRIETTE.

C'est ce qui dans ton langage s'appelle un légitime orgueil, et dans le mien, une sottise décorée d'un nom pompeux. C'est comme cette consolation banale que chacun va répétant : La fortune ne fait pas le bonheur. Vois-tu, Cécile, le bonheur à notre âge, c'est le plaisir, c'est le bruit des fêtes, l'éclat de la parure, l'encens des éloges, et tout cela, ma chère, c'est la fortune qui le donne.

CÉCILE.

Oui, mais on se lasse des fêtes, on se dégoûte de la parure, on s'ennuie des éloges, tandis qu'il est d'autres plaisirs dont l'esprit ne se fatigue jamais, d'autres joies dont le cœur ne se rassasie point.

HENRIETTE.

Bien, bien, n'achève pas, je te devine. Ces plaisirs sont ceux que donne l'étude, ces joies celles que la vertu procure. Écoute, Cécile, dame nature, en te dotant d'un esprit si sage et d'une raison si supérieure, s'est trompée assurément ; tu devais faire un illustre moraliste ou tout au moins un docte philosophe.

CÉCILE.

Tu te moques, Henriette ; pourtant je t'ai dit bien

simplement et bien franchement ma façon de penser.

HENRIETTE.

Que veux-tu, ma chère? Placées dans deux positions tout à fait différentes, nous jugeons les choses chacune d'après notre point de vue : l'avenir seul dira qui de nous deux avait raison. En attendant, je te le répète, tu dépenses inutilement ton zèle, tu ne parviendras pas à me ramener à ta conviction. La vie s'ouvre devant moi, belle, riante, toute semée de fleurs, je veux les cueillir, et, sans nul souci, ne compter mes jours que par mes plaisirs. Mais tu as fini, Cécile... Ah! cette broderie est charmante, je cours la porter à ma mère.

CÉCILE.

Reste, car la voici. Mlle Bertrand est avec elle.

SCENE VI.

LES MÊMES, Mme VARNER, Mlle BERTRAND, *un carton à la main.*

Mme VARNER.

Venez, mademoiselle, vous essaierez vous-même à ma fille les fleurs que vous apportez, puis nous verrons à la robe. (*Elle prend la garniture.*) Ah! c'est terminé, tant mieux; vous pourrez poser la garniture et placer les nœuds.

Mlle BERTRAND, *tirant du carton une couronne de fleurs.*

Si mademoiselle veut s'asseoir, voici la guirlande. (*Henriette s'assied.*) Nous la mettrons comme ceci, c'est du dernier goût. Oh ! mademoiselle est charmante ainsi. D'ailleurs mademoiselle est si gracieuse, si jolie, que toute parure lui sied à ravir.

Mme VARNER.

Oui, elle est fort bien. Regarde-toi, mon ange.

HENRIETTE, *se regardant.*

Mais ces fleurs sont affreuses ! Tu ne vois donc pas, maman, comme elles paraissent jaunes ! Puis, cette couronne est lourde et mal faite !... Comment peux-tu trouver que je sois bien ainsi? Je ne croyais pas qu'une autre que Cécile pût chercher à me le persuader; car c'est vouloir me rendre l'objet de la raillerie de toutes ces demoiselles.

CÉCILE.

Je n'ai rien dit encore, parce que tu ne m'as pas demandé mon avis; mais je t'assure, Henriette, que ces fleurs me semblent fort délicates et fort jolies.

HENRIETTE.

Eh bien ! puisqu'elles vous plaisent tant, prenez-les pour vous-même, je vous en fais cadeau. (*Elle lui jette la guirlande.*)

CÉCILE, *la plaçant sur la table.*

Pour moi ?... Et qu'en ferais-je ?

HENRIETTE.

Oui, pour vous, je le veux. Car vous venez aussi à cette soirée, vous le savez bien, votre bonne et indulgente amie, comme vous l'appelez, ne se consolerait pas de votre absence.

Mme VARNER.

Pourquoi faire l'étonnée ? Dès qu'Henriette vous dit une chose, ne devez-vous pas la croire, et faut-il vous montrer la lettre par laquelle vous êtes invitée ?

CÉCILE.

Mais, ma tante, comment y paraîtrai-je ?

HENRIETTE.

Ce sera une excellente occasion de prêcher d'exemple la modestie et la simplicité qui, d'après vos belles maximes, doivent présider à la toilette d'une jeune fille. Nous verrons s'il vous est aussi facile d'agir que de parler.

Mme VARNER.

Remerciez Henriette ; car ces fleurs, quoi qu'elle en dise, sont fort belles et vous serez du moins bien coiffée.

CÉCILE.

Elles sont fort belles en effet, trop belles pour moi, et si vous le permettez, ma tante, ma coiffure sera sans apprêt comme le reste de ma toilette.

HENRIETTE.

Non, vous les porterez. Je vous l'ai déjà dit, je le veux...

CÉCILE.

Si vous m'en priez, Henriette, il n'est rien que je ne fisse pour vous être agréable; mais vous commandez, et je ne reconnais ce droit qu'à ma tante.

Mme VARNER.

Ce que ma fille veut est toujours bien, et je vous ordonne de lui obéir comme à moi. (*A Mlle Bertrand.*) Remportez ce carton, mademoiselle Bertrand, tout cela est commun, lourd et fané ; si vous n'avez rien de mieux, nous nous pourvoirons ailleurs.

Mlle BERTRAND.

J'apporterai ce soir quelques autres guirlandes qui n'étaient pas finies lorsque je suis venue, et j'espère que mademoiselle en sera satisfaite.

Mme VARNER.

Choisissez tout ce que vous aurez de mieux, quel qu'en soit le prix (*Mlle Bertrand sort, Mme de Préval entre.*)

SCÈNE VII.

Mme VARNER, HENRIETTE, CÉCILE, Mme DE PRÉVAL.

Mme DE PRÉVAL.

Bonjour, Charlotte, bonjour, mes chères enfants.

Mme VARNER, HENRIETTE, CÉCILE.

Madame de Préval !...

Mme DE PRÉVAL.

Mais qu'y a-t-il donc ? Je ne vois que des visages bouleversés... auriez-vous appris quelque fâcheuse nouvelle ?

Mme VARNER.

Non, ma bonne Marguerite, rassure-toi. Il ne s'agit que d'une légère contrariété : Mlle Bertrand qui apporte à ma fille des fleurs fanées quand on lui demande tout ce qu'elle a de plus nouveau.

Mme DE PRÉVAL.

Et si peu de chose suffit pour vous mettre en émoi ?

Mme VARNER.

Cela doit te faire plaisir, ma chère Marguerite, car cela prouve combien on tient à faire honneur à ta soirée.

Mme DE PRÉVAL.

Ma soirée ? Ah ! c'est juste... Vous ne savez rien encore...

Mme VARNER.

Que veux-tu que nous sachions, sinon que la réunion sera si brillante qu'il faut se faire bien belle pour n'y être pas déplacée !

Mme DE PRÉVAL.

Cette soirée n'aura pas lieu.

HENRIETTE, *avec dépit.*

J'en étais sûre...

Mme VARNER.

Elle n'aura pas lieu ? Mais pourquoi ?

Mme DE PRÉVAL.

Parce que je ne puis me réjouir quand mes amies pleurent.

Mme VARNER.

Je ne te comprends pas, Marguerite. Mais à ton tour tu sembles bouleversée et c'est à moi de t'adresser la question que tu me faisais tout à l'heure : qu'est-il donc arrivé?

Mme DE PRÉVAL.

A moi, rien; mais à une personne qui m'est chère comme une sœur, à ma plus ancienne amie...

Mme VARNER.

Je ne pensais pas que ce titre appartînt à d'autre qu'à moi.

Mme DE PRÉVAL.

Tu es en effet ma meilleure, ou pour mieux dire, ma seule amie, et tu peux être sûre que le malheur qui te frappe ne changera rien à mes sentiments.

HENRIETTE et CÉCILE.

Un malheur!...

Mme VARNER.

Un malheur! Que veux-tu dire?

Mme DE PRÉVAL.

Il en est de plus grands, de plus irréparables; je saurai t'aider à le supporter.

Mme VARNER.

Mais enfin de quoi s'agit-il? Explique-toi, de grâce.

Mme DE PRÉVAL.

(*Elle tire de son sac un journal et le présente à Mme Varner.*) Lis...

Mme VARNER.

Un journal... De quoi donc peut-il être question ?

CÉCILE.

Le vaisseau qui portait mon père aurait-il péri, mon Dieu !...

HENRIETTE.

(*Elle arrache le journal des mains de sa mère et le présente tout ouvert à Mme de Préval.*) Où donc, madame?... Où donc? Vous faites-vous un jeu de notre inquiétude?...

Mme DE PRÉVAL.

Vous lirez assez tôt. Tenez, c'est ici...

HENRIETTE, *lisant.*

« La maison James et Cie vient de cesser ses « paiements : le passif s'élève à cinq millions et « l'actif à quatre cent mille francs au plus. » (*Elle regarde sa mère avec effroi.*) Nous sommes donc ruinées?...

Mme VARNER.

Ruinées... Nous sommes ruinées? Mais oui, mon Dieu! Tout était là...

HENRIETTE.

C'est donc vrai... Rien... Plus rien... La misère...

Mme DE PRÉVAL.

La misère? Oh ! non, vous avez des amis...

Mme VARNER.

Des amis... En reste-t-il aux malheureux?...

Mme DE PRÉVAL.

Charlotte, je croyais que tu me connaissais mieux...

Mme VARNER.

Mais la misère? Non, Henriette, non. Cette maison m'appartient... J'ai quelque argent... Deux ou trois créances qui montent ensemble à une vingtaine de mille francs... J'ai des diamants... Ils sont beaux, tu sais... Tout sera pour toi, enfant, tout... Va, sois tranquille, je saurai bien faire que tu ne t'aperçoives pas de notre malheur... Je travaillerai jour et nuit, s'il le faut, pour t'épargner un soupir, un regret... pour t'entourer du bien-être dont tu as joui jusqu'à présent. Car, Dieu m'en est témoin, c'est pour toi, ma fille chérie, pour toi seule que je regrette ma fortune perdue.

HENRIETTE.

De quoi servent vos larmes? pourront-elles réparer la catastrophe due à votre imprudence?...

Mme VARNER.

Hélas! tu as raison, j'aurais dû veiller sur ce bien qui était le tien...

HENRIETTE.

Vous avez détruit mon bonheur, mon avenir... Tout est fini... L'existence aisée, mais médiocre, que vous me promettez serait pour moi toute de privations et de douleurs; car ce n'est pas pour une telle vie que vous m'avez élevée... Mais ne craignez rien, je ne vous importunerai pas longtemps de mes soupirs ni de mes regrets; car, je l'espère, le chagrin me tuera.

Mme DE PRÉVAL, *avec indignation.*

Osez-vous bien, Henriette, ajouter le reproche et la menace à la douleur de votre mère?...

Mme VARNER.

O malheureuse! bien malheureuse mère!... N'était-ce donc pas assez de perdre tout ce que je possédais? Faut-il que je renonce à ton amour? Toi que j'ai élevée avec tant de tendresse, tant de douceur, toi dont j'ai éloigné avec tant de sollicitude le moindre ennui, la moindre peine, toi qui me conduisais, qui me gouvernais, qui me dictais ce que je devais dire ou penser; toi pour qui seule je vivais, est-ce donc ainsi que tu m'en récompenses?...

HENRIETTE.

Eh ! c'est précisément cette molle tendresse avec laquelle vous m'avez élevée qui rend mon malheur plus grand.

Mme VARNER.

Ah ! mon Dieu ! si cette faiblesse était un crime, que tout ce que je souffre l'expie !... Ma fille, ma fille qui m'accuse... Et toi, Cécile, viens donc aussi m'accabler... Ah ! de ta part, ce sera justice. Je t'ai repoussée, je t'ai dédaignée quand j'étais heureuse ; rends-moi mes dédains. Tu peux te venger, profites-en.

CÉCILE.

Ma tante... ma mère... Ah ! souffrez que je vous donne ce nom et que je passe ma vie à vous aimer et à vous consoler.

Mme VARNER.

A m'aimer... à me consoler... Quoi, Cécile, tu me pardonnes !...

CÉCILE.

Je ne me souviens que de vos bontés. Ne rejetez pas ma prière, ma tante... J'ai quelques talents, je vous les dois ; permettez-moi de les utiliser et de vous offrir le fruit de mon travail.

Mme VARNER.

Qu'entends-je? Toi, travailler pour moi... Jamais. Ces talents, vois-tu, Cécile, je t'en faisais l'aumône; je t'avais recueillie parce que je ne pouvais laisser à l'abandon l'enfant de mon frère... Mais je ne t'aimais pas... Je ne te connaissais pas... Je ne voulais pas te connaître... Et comment aurais-je pu t'apprécier et t'aimer?... Je n'avais des yeux, je n'avais un cœur que pour mon idole... Mais Dieu est juste, il m'en punit...

CÉCILE.

Ma tante, ne jugez pas Henriette sur un premier mouvement. Son cœur est bon, elle vous aime et elle regrette déjà, j'en suis sûre, la douleur qu'elle vous a causée. (*Elle s'approche de sa cousine.*) Henriette, viens auprès de ta mère, viens lui dire que nous serons deux à la chérir, et que sa tendresse nous tiendra lieu de tout autre bonheur.

HENRIETTE, *avec confusion.*

Laisse-moi, Cécile, laisse-moi... (*Elle pleure.*)

CÉCILE, *à Mme Varner.*

Elle pleure... Que vous disais-je? (*Elle revient vers Henriette et lui prend la main.*) Henriette, chère Henriette, écoute-moi, ou plutôt écoute ton cœur. Regarde ta mère, elle n'attend qu'un mot, qu'un geste pour tout oublier... Oh! viens.

HENRIETTE, *se laissant conduire.*

Ma mère!... Je suis une ingrate et coupable enfant, que vous devriez rejeter et maudire... Ma mère, me pardonnerez-vous?

Mme VARNER.

Est-ce qu'il est une seule faute qu'une mère ne puisse pardonner à l'enfant qui se repent? Viens dans mes bras... Cache ta rougeur et tes larmes dans mon sein, puis relève le front et sois calme, ma fille... car ce baiser t'absout. (*Elle l'embrasse.*)

HENRIETTE.

Oh! merci, ma bonne mère, merci... Oubliez des paroles que je désapprouve, que je déplore et que je ne me consolerai jamais d'avoir prononcées... Et toi, Cécile, et toi, que te dirai-je, mon Dieu!...

CÉCILE.

Henriette, veux-tu être ma sœur?

HENRIETTE.

Si je le veux! Et c'est elle qui me le demande!... Comment ai-je pu méconnaître et dédaigner tant de généreuse bonté!

Mme VARNER.

Nous avons été bien injustes envers elle, mon enfant; mais nous saurons réparer tous nos torts.

HENRIETTE.

J'ai longtemps méprisé tes conseils et ri de

tes exemples; mais puisque tu consens à être ma sœur, tu m'instruiras, tu me dirigeras, tu me rendras capable de partager les travaux que tu veux t'imposer. Tu feras plus encore, chère Cécile, tu me reprendras de mes défauts, je t'en donne le droit et, s'il le faut, je t'en supplie... Je suis jeune encore et, sois-en sûre, je me corrigerai.

CÉCILE.

Je ferai tout ce que tu voudras. Tu verras, Henriette, combien cette nouvelle position, qui t'a tant effrayée, aura pour nous de douceurs...

Mme VARNER.

Si tu dis vrai, Cécile, ce bonheur, nous te le devrons. Car sans toi, mon Dieu, qu'eussions-nous fait? J'étais bien aveugle, bien peu soucieuse des vrais intérêts de mon enfant quand je l'élevais avec tant de mollesse... Toi seule étais sage, tu nous disais souvent : La fortune est inconstante, et quelques dons qu'elle nous ait départis, agissons toujours comme si elle devait nous les ravir. Tu avais raison... Je le reconnais... Mais il est trop tard.

Mme DE PRÉVAL.

Peut-être, chère amie. Puisque la fortune est inconstante, elle peut, après nous avoir trahis, revenir encore nous sourire.

Mme VARNER.

N'essaie pas de me bercer d'un tel espoir, Marguerite.

Mme DE PRÉVAL.

Qui sait, Charlotte ?...

HENRIETTE.

Non, madame, non, nous n'y voulons pas songer... Mais, par les larmes que j'ai fait verser à ma mère, je vous le proteste, si jamais notre position redevenait brillante, elle ne modifierait en rien la résolution que j'ai prise d'acquérir la seule fortune qui soit à l'abri des revers : les talents et la vertu. Ma mère et Cécile m'ont pardonné; mais moi, je ne me pardonnerai que quand je me serai rendue digne de tant de tendresse et de bonté.

Mme DE PRÉVAL.

Bien ! mon enfant, vous me comblez de joie. Venez que je vous embrasse, car je vous aime comme vous le méritez pour tant de courage et de repentir. Mais si vous êtes inflexible pour vous-même, ne le soyez point pour les autres et aidez-moi à obtenir de votre mère toute l'indulgence dont j'ai besoin.

Mme VARNER.

De l'indulgence ?... Marguerite, je ne te comprends pas. C'est toi que je dois remercier au contraire de celle dont tu as fait preuve en ne me faisant aucun reproche. Car si j'avais voulu suivre tes avis...

Mme DE PRÉVAL.

Ce n'est pas de cela qu'il s'agit; mais bien d'obtenir mon pardon... Je n'ai fait prévenir aucun de mes invités; il y aura demain grande fête au château.

Mme VARNER.

Avons-nous donc le droit d'exiger que chacun s'attriste de notre malheur?

Mme DE PRÉVAL.

Je ne vous crois pas si égoïstes. Mais...

Mme VARNER.

Mais... Qu'y a-t-il donc? Est-ce que, par hasard, tu le serais assez pour désirer que nous y parussions?

Mme DE PRÉVAL.

Eh bien! oui. Et voici une nouvelle invitation. Lisez-la, Cécile. (*Elle lui donne une lettre.*) C'est une lettre que j'ai reçue hier de mon fils, deux heures avant son retour, et cette lettre était pour toi, ma bonne Charlotte.

CÉCILE, *qui a déplié la lettre, lit.*

« Madame, la maison James et Cie est en faillite;

« mais avant que les journaux vous l'apprennent, « j'espère que ces lignes vous seront parvenues. « Vous m'aviez, en quittant Paris, laissé muni « d'une procuration, pour y terminer quelques « affaires. Averti à temps du désastre imminent de « votre banquier, j'ai profité de ces pouvoirs « pour retirer de chez lui vos fonds, que j'ai « déposés chez mon notaire. C'est un homme sûr, « qui les tiendra à votre disposition ou se « chargera de les placer sur bonnes garan- « ties. »

Mme VARNER.

Marguerite ! ma bonne Marguerite... Mais nous sommes sauvées... Henriette, Cécile, remerciez-la... C'est à elle, c'est à son fils que nous devons tout...

HENRIETTE.

Oui, madame, je vous remercie, non-seulement de la fortune que vous nous avez conservée; mais de la leçon un peu cruelle, peut-être, mais profitable, que vous m'avez donnée. Grâce à vous, si le malheur auquel nous avons échappé par les soins de monsieur votre fils, vient un jour nous frapper, il me trouvera prête à le recevoir.

CÉCILE.

Et moi, madame, je vous remercie de toute mon âme ; car vous m'avez rendu une mère et une sœur.

Mme DE PRÉVAL.

Si vous croyez me devoir quelque reconnaissance, je m'en réjouis, Cécile; ce sentiment vous disposera, je l'espère, à m'accorder une preuve de confiance et de tendresse que j'ai à réclamer de vous.

CÉCILE.

Cette tendresse et cette confiance vous sont depuis longtemps acquises, madame, et mon plus grand désir serait de vous le prouver.

Mme DE PRÉVAL.

Du jour où je vous ai vue pour la première fois, Cécile, je vous connais. De ce jour je me suis dit : Seule elle pourrait remplacer la fille que j'ai perdue. J'ai longtemps renfermé ce vœu dans mon cœur. Mais aujourd'hui, il ne dépend plus que de vous qu'il se réalise. Mon fils est persuadé que vos vertus feront son bonheur et je viens, à sa prière, vous dire : Cécile, voulez-vous être ma fille ?

CÉCILE.

Madame !...

Mme VARNER.

J'accepte pour elle, Marguerite, et je ne te dirai pas qu'elle ne possède rien ; un cœur comme le sien est un trésor.

SCÈNE VIII.

LES MÊMES, LOUISON.

LOUISON.

Faites excuse, mesdames; mais v'là une lettre que le piéton vient d'apporter. Il demande si c'est bien pour madame; car elle est si gribouillée, pour avoir fait le tour de la France, qu'il dit qu'il n'y peut rien déchiffrer. Il l'attend là-bas; c'est pourquoi je prends la liberté de venir vous la montrer tout courant. (*Elle donne la lettre à Mme Varner et passant à côté de Cécile, elle la tire par la robe.*) Qu'est-ce que vous avez donc encore, mam'selle Cécile? Vous avez pleuré... Tiens! et mam'selle Henriette aussi... Faut que vous ayez eu une fière dispute ensemble. Allons, je vois ben ça; jusqu'à la fin des fins, faudra que les bons pâtissent pour les méchants.

CÉCILE.

Tais-toi, Louison... J'ai pleuré, mais c'est de joie...

LOUISON.

Que le bon Dieu vous entende, not' demoiselle; mais j'ai bien peur que non.

Mme VARNER, *après avoir examiné l'adresse de la lettre.*

Regarde donc, Marguerite, cette adresse est vraiment indéchiffrable.

Mme DE PRÉVAL.

Elle est couverte de tant de timbres, qu'on a grand'peine à distinguer le nom du destinataire. — Mais c'est bien Mme Varner. — Oh ! oui, c'est bien pour toi, tu peux l'ouvrir.

Mme VARNER, *l'ouvrant.*

« Ma bonne sœur. » C'est de mon frère !...

CÉCILE.

De mon père !.. Il n'est pas mort, mon Dieu ! (*Elle joint les mains.*) Lisez, ma tante. Oh ! lisez.

Mme VARNER, *lisant.*

« J'arrive à Bordeaux et dans huit jours je le « quitterai pour courir auprès de vous. Je dois « subir ce délai, car la fortune de ma Cécile « dépend du placement des marchandises que « j'ai ramenées. Ma fille !.. qu'il me tarde de la « revoir... qu'elle doit être grande et belle, et « grâce à vos soins, ma sœur, qu'elle doit être « bonne ! Prévenez-la de mon arrivée et dites-« lui combien je regrette de ne pas arriver aus-« sitôt que ma lettre. » — Mais cette lettre a huit jours de date, c'est bientôt, c'est aujourd'hui peut-être que mon frère arrive.

Mme DE PRÉVAL, *à Cécile.*

Mon enfant, que je sois la première à vous en féliciter. (*Elle l'embrasse.*)

Mme VARNER, *réunissant dans ses bras Cécile et Henriette.*

Comme nous allons tous être heureux !

CÉCILE.

Mon Dieu, que vous êtes bon ! Soyez à jamais béni !..

LOUISON.

Que je vous embrasse aussi, mam'selle !... Je n'en peux plus de joie de vous voir si joyeuse.

CÉCILE *l'embrasse.*

Ma bonne tante, si nous allions au-devant de mon père.

Mme DE PRÉVAL.

Oui, venez toutes... Ah ! vous avez raison, Cécile, Dieu est bon, il n'abandonne jamais ceux qui le prient, il peut, quand il le veut, calmer nos plus légitimes douleurs. Depuis bien des années je pleure et aujourd'hui la joie la plus douce, l'espoir du bonheur le plus pur reviennent me sourire.

HENRIETTE.

Et c'est toi, ma sœur chérie, qu'il a choisie pour être l'ange consolateur. (*Mme de Prèval, Mme Varner, Henriette et Cécile sortent.*)

LOUISON, *les suit et se retournant.*

Mam'selle Henriette qui s'en mêle aussi... Décidément, je m'y perds... (*Ele se gratte l'oreille.*) Après tout, mam'selle Cécile est contente, faut pas m'inquiéter du reste. Ah! moi aussi je suis contente pour elle d'abord, puis pour moi. Car je vois bien, par ce qui lui arrive aujourd'hui, qu'elle n'avait pas tort de me répéter si souvent : Sois sage et bonne, Louison; car il vient toujours un moment où les bons sont récompensés.

FIN DE LA DOUBLE ÉPREUVE.

UNE BONNE ACTION
PORTE BONHEUR.

PIÈCE EN UN ACTE.

PERSONNAGES.

Mme DE VALMONT.
GABRIELLE, } ses nièces.
CHARLOTTE, }
PAULINE, orpheline, élevée avec Gabrielle et Charlotte.
Mlle MERVAL, institutrice.
MADELAINE, mendiante.
SUZANNE, domestique.

UNE BONNE ACTION

PORTE BONHEUR.

SCÈNE I.

Mme DE VALMONT, Mlle MELVAL.

Mme DE VALMONT.

Pourrons-nous, mademoiselle, causer un instant ici sans risquer d'être interrompues par l'arrivée de vos élèves?

Mlle MELVAL.

Nous le pourrons, madame. Gabrielle est à sa toilette, Charlotte, à son piano, et j'ai permis à Pauline d'aller passer une demi-heure auprès de la fermière, dont la petite fille est malade.

Mme DE VALMONT.

Cette seule réponse va de beaucoup abréger l'entretien que je désirais avoir avec vous, mademoiselle; car elle m'apprend presque tout ce que je voulais vous demander.

Mlle MELVAL.

Je l'ai deviné, madame. Arrivée depuis hier seulement, après trois mois d'absence, il vous tardait de savoir ce qu'ont fait, pendant ce temps, les jeunes filles que vous m'avez confiées. Je leur ai donné tous mes soins...

Mme DE VALMONT.

Je le sais, mademoiselle, je le sais, mon amie. Laissez-moi vous donner ce nom dont vous êtes digne. Votre bonté, votre dévouement, le zèle plein de tendresse avec lequel vous remplissez la pénible tâche que vous avez acceptée, à ma prière, me sont connus. Je ne pouvais remettre en de meilleures mains l'éducation de mes nièces et celle de cette jeune orpheline que j'ai recueillie, et à laquelle il me serait doux d'assurer un avenir paisible et honorable. Laissez-moi d'abord vous remercier de tout ce que vous faites pour ces enfants et dites-moi, je vous en prie, comment elles écoutent vos leçons et répondent à vos bontés.

Mlle MELVAL.

J'ai à vous rendre de leurs progrès un compte satisfaisant; et je crois que vous verrez avec plaisir combien elles se sont appliquées dansl'espoir d'obtenir, à votre retour, des encouragements et des éloges.

Mme DE VALMONT.

Ainsi vous êtes contente de leur travail, mademoiselle. C'est déjà beaucoup, et cette assurance me cause une véritable joie; pourtant ce n'est pas tout. Vous savez combien je tiens à ce que ces chères enfants s'instruisent : mais vous savez aussi combien la vertu me semble préférable à la science. Vos idées sur l'éducation sont d'accord avec les miennes, et vous n'avez pas plus négligé le cœur que l'esprit de mes petites protégées. Se sont-elles montrées dociles à vos leçons, ont-elles travaillé à réformer leur caractère, à acquérir les bonnes qualités qui leur manquent? Gabrielle est-elle toujours aussi vaine, et Charlotte aussi étourdie qu'avant mon départ?

Mlle MELVAL.

Charlotte est plus attentive; elle oublie moins vite les recommandations qu'on lui fait, ou quand il lui arrive de les enfreindre, elle en témoigne un regret si vrai qu'on ne peut s'empêcher de lui pardonner et de la chérir. Quant à Gabrielle, bien qu'elle paraisse beaucoup plus posée que sa sœur, je lui crois moins de raison.

Mme DE VALMONT.

Et un cœur moins bon, n'est-il pas vrai, mademoiselle? J'en serais désolée; car j'ai promis à ma sœur mourante de veiller sur ses filles, de les aimer comme j'aimais l'enfant que le ciel m'a ravie. Je lui ai promis surtout de les rendre bonnes, aimables, vertueuses; car ma sœur croyait et je crois aussi que c'est la plus belle fortune, la plus sûre garantie de bonheur qu'il soit possible de donner à une jeune fille.

Mlle MELVAL.

Tel est aussi mon avis, et je m'affligerais beaucoup si je ne pensais que Gabrielle, à force de recevoir, non-seulement des leçons, mais des exemples, comprendra la nécessité de se corriger. Elle voit combien Charlotte et Pauline se font aimer de tout ce qui les entoure, et, je l'espère, un jour viendra où elle saura se décider à les imiter.

Mme DE VALMONT.

Vous êtes donc contente de ma petite Pauline? Je craignais qu'il n'en fût autrement, et cette pauvre orpheline m'intéresse tant que je n'osais vous demander ce que vous pensez d'elle.

Mlle MELVAL.

Elle est douce, modeste, studieuse, pénétrée de reconnaissance pour vos bontés, dont elle s'efforce de profiter. Vous avez été heureusement inspirée, madame, quand vous l'avez recueillie; car elle mérite toute l'affection que vous lui portez.

Mme DE VALMONT.

Merci de ces bonnes paroles, mademoiselle; vous ne pouvez comprendre toute la joie qu'elles me causent.

Mlle MELVAL.

Ne suffit-il pas, pour s'en faire une idée, de connaître toute la bonté de votre cœur?

Mme DE VALMONT.

Non, ma chère amie, non. Je ne veux pas que vous attribuiez uniquement cette joie à la satisfaction que chacun peut éprouver en apprenant qu'il n'a pas mal placé ses bienfaits; je ne veux pas non plus que vous en fassiez gloire à la bonté de mon cœur. J'ai recueilli Pauline parce qu'elle était malheureuse et abandonnée, parce que je crois que quiconque veut pratiquer la charité ne peut mieux faire que de soustraire à la misère, à l'isolement, à toutes les tentations et à tous les malheurs qui parfois en sont la suite, ces pauvres petits enfants qui n'ont ni père, ni mère, ni asile. Après l'avoir reçue dans ma maison, j'ai voulu qu'elle partageât les soins que vous donnez à mes nièces, parce qu'elle m'a paru douée d'intelligence, de bonne volonté, et capable d'apprécier plus tard le bonheur de pouvoir se suffire à elle-même. Mais si je me sens pour elle tant d'affection, je puis bien vous l'avouer, vous ne me raillerez pas de cette faiblesse, car vous êtes bonne, c'est parce que dans les traits, dans l'air, dans la voix de cette pauvre orpheline, il y a quelque chose qui me rappelle ma fille... Ma fille avait deux ans à peine quand je l'ai vue pour la dernière fois... Et cependant je dis vrai, Pauline me la rappelle. Si ma Blanche vivait, elle aurait ses cheveux blonds, ses grands yeux bleus, ses joues un peu pâles et sa voix caressante. Du moins c'est ainsi que je me la figure, et ces pensées m'attristent et me charment à la fois. Que voulez-vous, mon amie? j'essaie d'endormir une douleur qui ne mourra qu'avec moi... Et comme je suis assez riche pour lui assurer un avenir sans manquer à ce que j'ai promis à ma sœur, je la garderai près de moi tant qu'elle y voudra rester.

Mlle MELVAL.

En ce cas, madame, vous la garderez toujours; car si vous l'aimez, elle vous paie du plus tendre retour. Mais la voici. Elle est un peu en retard, je lui avais donné une demiheure (*elle tire sa montre*), et voilà quarante minutes qu'elle est sortie : aussi voyez comme elle accourt.

SCÈNE II.

LES MÊMES, PAULINE.

PAULINE, *tout essoufflée, à M*[lle] *Melval.*

Pardonnez-moi, mademoiselle, si j'ai tant tardé à revenir, c'estque... (*Apercevant M*[me] *de Valmont.*) Madame!... (*Elle salue.*)

Mme DE VALMONT.

Ne venez-vous pas m'embrasser, ma chère Pauline?

PAULINE.

Ah! madame, que vous êtes bonne!... (*Elle l'embrasse.*)

Mme DE VALMONT.

Ne vous ai-je pas dit que je veux être votre mère, et la mère n'a-t-elle pas coutume, après une si longue absence, d'embrasser ses enfants au retour? Ne tremblez pas et ne rougissez pas ainsi, Pauline. Mademoiselle Melval est contente de votre application et de votre docilité; elle me le disait quand vous êtes entrée, je suis heureuse de vous en témoigner toute ma satisfaction.

PAULINE.

Je serais bien ingrate, madame, si je ne profitais pas du bien que vous voulez me faire et si je n'écoutais pas les leçons de l'excellente amie, de la maîtresse indulgente et dévouée que vous m'avez donnée. Mais je ne le serai jamais...

SCÈNE III.

LES MÊMES, GABRIELLE ET CHARLOTTE.

GABRIELLE.

Enfin vous voilà, ma tante, quel bonheur pour nous de vous revoir!

CHARLOTTE.

Ah! oui, ma tante, c'est un grand bonheur... Si vous saviez combien je me suis ennuyée après vous!...

Mme DE VALMONT.

Bonjour, mes enfants... (*Elle les embrasse.*) Moi aussi j'avais hâte de vous revoir.

CHARLOTTE.

C'est que trois mois, c'est long, quand on aime bien les personnes dont on est séparé.

Mme DE VALMONT.

Tu m'aimes donc bien, Charlotte?

CHARLOTTE.

Si je vous aime! Pourquoi me demandez-vous cela, ma bonne tante? Vous savez bien que, depuis que nous avons perdu notre mère, il n'est personne que nous chérissions comme vous... Et qui aimerions-nous, mon Dieu, si nous étions insensibles à toute votre affection et à toutes vos bontés?

Mme DE VALMONT.

C'est là à peu près le langage que m'a tenu Pauline. Je suis charmée, mes enfants, de vous voir penser de même à mon égard.

GABRIELLE.

Nos sentiments pour vous, ma tante, ne

peuvent être comparés à ceux que vos bienfaits inspirent à Pauline !

Mme DE VALMONT.

Seraient-ils moins vifs ou moins sincères, ma chère Gabrielle?

GABRIELLE.

Vous ne le croyez pas, ma tante. Non, ils ne sont ni moins vifs ni moins sincères; mais ils sont peut-être plus désintéressés.

Mme DE VALMONT.

Expliquez-vous, mon enfant, car, en vérité, je ne vous comprends pas.

CHARLOTTE.

Ni moi non plus. (*Bas à Gabrielle.*) Vois donc comme cette pauvre Pauline est rouge et tremblante, aie pitié d'elle, je t'en prie.

GABRIELLE.

Oh! je ne veux pas accuser Pauline : vous nous avez recommandé de la regarder comme notre sœur, et je vous obéis, ma tante; seulement je veux vous dire qu'entre l'affection d'une étrangère et la tendresse filiale que nous vous avons vouée, Charlotte et moi, il doit y avoir une grande différence.

PAULINE.

Oui, madame; je ne suis qu'une enfant abandonnée, que vous avez sauvée de la misère; ces demoiselles sont vos nièces, et je ne l'oublie pas. Elles ont le droit de vous entretenir de leur tendresse, moi, je ne puis vous parler que de mon respect et de ma reconnaissance.

GABRIELLE, *à part.*

Nous allons voir une scène larmoyante... Que cette petite est sotte et insupportable!

CHARLOTTE, *s'approchant de Pauline.*

Ne faites pas attention à ce que dit Gabrielle, ma bonne Pauline; elle parle souvent sans réflexion; car elle est presque aussi étourdie que moi.

Mme DE VALMONT.

Je pense comme vous, Charlotte. Il m'est moins pénible de penser que Gabrielle a étourdiment avancé quelques mots qu'il lui serait fort difficile de prouver, que d'en accuser la justesse de son esprit ou la bonté de son cœur.

GABRIELLE.

Mais, ma tante...

Mme DE VALMONT.

N'en parlons plus, Gabrielle, je veux bien croire à votre repentir, et me persuader que vous chercherez à faire oublier à Pauline la peine que vous lui avez involontairement causée. C'est au bon accord que je verrai régner entre vous, mes enfants, c'est aux efforts que vous ferez pour vous supporter mutuellement et pour acquérir la douceur et la modestie qui rendent une jeune fille aimable, que je reconnaîtrai combien je vous suis chère. Je préfère de beaucoup les actions aux paroles, je vous en avertis, et c'est sur le soin que vous prendrez de faire ce que je vous demande en ce moment que je réglerai, moi aussi, le degré d'affection que je dois vous accorder. Ne soyez pas triste, Pauline, car vous n'êtes plus une enfant abandonnée; vous êtes, comme Gabrielle et Charlotte, l'élève de mademoiselle Melval, et celle d'entre vous qui profitera le mieux de ses leçons, sera plus que ma nièce, elle sera ma fille.

CHARLOTTE.

Et si nous sommes aussi bonnes, aussi dociles l'une que l'autre?

Mme DE VALMONT.

Ma joie n'en sera que plus grande, puisque j'aurai trois enfants pour me chérir et me consoler.

CHARLOTTE.

Ah! tant mieux, j'avais peur qu'il ne fallût tirer au sort, et comme je n'ai pas de bonheur au jeu...

Mlle MELVAL.

Qu'auriez-vous fait, Charlotte? Dites-nous cela. Auriez-vous renoncé à la récompense sans essayer le la mériter ?

CHARLOTTE.

Oh! non, mademoiselle; car il est presque aussi flatteur de la mériter que de l'obtenir.

Mme DE VALMONT.

Bien, mon enfant, bien. Et maintenant approchez, mes bonnes amies. Je vous avais promis à mon départ de récompenser, lorsque nous nous reverrions, votre application et vos progrès. J'y ai pensé, et cette boîte contient différents objets entre lesquels vous pourrez choisir. Mademoiselle Melval est contente de votre travail, et il m'est bien doux de tenir la parole que je vous ai donnée. (*Elle ouvre une boîte placée auprès d'elle.*)

GABRIELLE, *s'approchant la première.*

Ah! ma tante, que tout cela est beau... Les charmants bijoux!... Qui donc va choisir la première?

Mme DE VALMONT.

Celle d'entre vous que mademoiselle Melval désignera.

Mlle MELVAL.

Vais-je faire deux jalouses?

(*Charlotte et Pauline s'approchent.*)

CHARLOTTE.

Oh! oui, tout cela est bien beau... Mais je ne saurais que prendre. J'aime autant voir comment vous ferez, mes bonnes amies.

PAULINE.

Ce qui restera sera toujours trop brillant pour moi. Je cède volontiers mon tour à ces demoiselles.

Mme DE VALMONT.

Allons, Gabrielle, fais ton choix, ma fille, puisque personne ne t'en dispute le droit. A moins toutefois que tu ne sois aussi embarrassée que Charlotte.

GABRIELLE.

Je ne le suis pas du tout, ma tante; car je me connais mienx que ma sœur en objets précieux, et je n'ai jamais vu d'aussi beaux bracelets que ceux-ci. Une ciselure admirable et une rose de rubis qui doit produire un charmant effet... Aussi, puisque vous le voulez bien, ma tante...

(*Elle les prend.*)

Mme DE VALMONT.

Oui, prends-les, mon enfant.

GABRIELLE, *en attachant un et l'admirant.*

Oh ! je ne me trompais pas ; ils sont superbes ! Merci, ma bonne tante, merci ! (*Elle l'embrasse.*)

Mme DE VALMONT.

A toi, Charlotte...

CHARLOTTE.

Comment faire?... (*Elle examine l'un après l'autre les objets que contient la boîte.*) Décidément, je crois que ce qui me convient le mieux, c'est cette charmante petite montre. Je suis souvent en retard; plus d'une fois, mademoiselle Melval m'a reproché de me faire attendre, quand vient l'heure de nos leçons, et de faire perdre à mes compagnes un temps précieux. Que pensez-vous de ce choix, ma tante?

Mme DE VALMONT.

Je t'en loue, Charlotte, car j'y vois une preuve de ta bonne volonté.

CHARLOTTE.

Eh bien ! je prends la montre. Cela ne te fait pas de peine, Pauline?

PAULINE.

Oh ! non, ma bonne Charlotte. Ce n'est pas la montre que je désire.

GABRIELLE, *à Charlotte.*

Il y a une bourse bien garnie... c'est son affaire.

Mlle MELVAL, *à Gabrielle.*

Serez-vous donc toujours méchante?

GABRIELLE, *à Charlotte.*

Viens-tu, Charlotte?

Mlle MELVAL.

Restez, mesdemoiselles. Pauline sera bien aise d'avoir votre avis sur la récompense qu'elle choisira.

CHARLOTTE.

C'est juste. Veux-tu que je t'aide, Pauline? Tiens, voilà une petite croix en brillants qui ornera merveilleusement ton cou. Qu'en dis-tu?

PAULINE.

Elle est bien belle... Mais si j'osais...

Mme DE VALMONT.

Osez, mon enfant, je le veux, je vous l'ordonne.

PAULINE.

Ce portrait...

Mme DE VALMONT.

Mon portrait... L'ai-je donc laissé dans cette

boîte?... Je l'ignorais... Mais puisque cette miniature vous plaît plus que tout le reste, prenez-la, mon enfant, c'est votre droit. Seulement je veux vous faire remarquer qu'elle a beaucoup moins de valeur que la croix en brillants que vous montrait Charlotte; car un simple cercle d'or l'entoure.

PAULINE.

Et l'image de ma bienfaitrice, n'est-ce donc rien pour moi? Ah! madame, ce portrait me portera bonheur.

Mme DE VALMONT, *la serrant dans ses bras.*

Garde-le donc, chère enfant, et puisses-tu ne pas te tromper!

Mlle MELVAL, *à demi-voix.*

Vous voyez combien vous vous mépreniez, Gabrielle.

GABRIELLE, *à Mme de Valmont.*

Comment, ma tante, votre portrait était là, et je ne l'ai pas vu!...

Mme DE VALMONT, *riant.*

C'est l'éclat de cette rosette de rubis qui t'a empêchée de le distinguer. Ne le regrette pas, Gabrielle, Pauline est trop heureuse de ce que tu le lui aies laissé.

CHARLOTTE.

Moi, je l'ai bien vu, et si c'eût été la veille du départ de ma tante, je l'aurais pris...

Mme DE VALMONT.

Mais maintenant que tu verras peut-être trop souvent à ton gré l'original, le portrait serait de trop, n'est-ce pas?

CHARLOTTE, *rougissant.*

Oh! ma tante.

Mme DE VALMONT.

Ce n'est pas un reproche que je te fais, chère enfant; au contraire, j'aime ta franchise, et elle me donne bonne opinion de l'affection que tu me portes. Et maintenant, mes amies, Mlle Melval vous donne congé pour toute la journée.

Mlle MELVAL.

Congé et liberté entière. Seulement, vous vous retrouverez ici à quatre heures, et nous ferons ensemble notre promenade habituelle.

(*Mlle Melval et Mme de Valmont sortent.*)

SCÈNE IV.

GABRIELLE, CHARLOTTE, PAULINE.

CHARLOTTE.

Viens que je t'embrasse, ma chère Pauline, pour

le plaisir que tu as fait à ma tante en choisissant son portrait.

GABRIELLE.

Oui, oui, félicite-l'en bien, je t'y engage.

CHARLOTTE.

Tu crois que je me trompe ; mais c'est toi qui as tort, je te l'assure. Ma tante était heureuse, si heureuse que j'ai vu une larme rouler dans ses yeux, tandis qu'elle souriait. Tu es une bonne fille, ma petite Pauline, je t'aime encore plus que je ne t'aimais hier. (*Elle l'embrasse.*)

PAULINE.

Merci, Charlotte ; cette amitié m'est bien chère, et le bon Dieu te récompensera de me l'accorder.

CHARLOTTE.

Non, je n'attends rien pour cela. En t'aimant, je cède à mon cœur, et voilà tout.

GABRIELLE.

C'est beau, c'est généreux, c'est le sublime de la vertu : aimer ceux qui vous nuisent.

CHARLOTTE.

Et en quoi donc Pauline peut-elle me nuire ? Ne plaisante pas ainsi, Gabrielle ; je sais que tu plaisantes, moi ; mais Pauline est déjà toute rouge et toute prête à pleurer.

GABRIELLE.

C'est qu'elle sait bien ce que je veux dire, c'est qu'elle se reconnaît coupable de la faute dont je l'accuse.

PAULINE.

Je vous proteste que je l'ignore complétement. Ce n'est pas la première fois que vous m'adressez des reproches ; mais vous ne vous êtes jamais expliquée, et malgré tout mon désir de réformer ce qui vous déplaît en moi, malgré tout le chagrin que j'éprouve quand je vois que je ne vous inspire qu'éloignement et mépris, je n'ai pu deviner encore ce que je dois faire pour que vous cessiez de me haïr.

GABRIELLE.

Moi? Mais je ne vous hais point. Est-ce que je m'occupe de vous? Est-ce que je prête la moindre attention à ce que vous dites ou à ce que vous faites? Non vraiment, je n'y songe guère. Croyez-vous, par hasard, que je vous fasse l'honneur d'être jalouse de vous? Si je ne me trompe, c'est ce que vous voulez me faire entendre. Jalouse? et de quoi donc, mon Dieu!... De vos airs de sainte nitouche, que mademoiselle Melval, notre honorée maîtresse, appelle de la candeur et de la naïveté? Chacun a son dictionnaire, et dans le mien, cela se nomme bêtise ou hypocrisie. De votre rare intelligence, de votre amour pour l'étude, de vos rapides progrès? Pas davantage. Le jour où je voudrai m'appliquer, je vous laisserai bien loin derrière moi, et si vous avez en peu de temps su vous rendre capable de prendre part aux leçons que nous recevons, ma sœur et moi, c'est que ni elle ni moi n'avons voulu travailler. Vous n'êtes pas pour nous une compagne qu'on puisse avoir quelque orgueil à vaincre; vous êtes une pauvre enfant à laquelle nous abandonnons, par pitié, les succès qui doivent l'aider à se créer un sort.

CHARLOTTE.

Parle pour toi seule, Gabrielle; car je ne t'ai point autorisée à me mettre de moitié dans les injures que tu prodigues à cette chère Pauline. Je commence à penser que Mlle Melval a raison, que tu es méchante, et je me croirais ta complice si je ne soutenais celle que tu accables. Viens, Pauline, n'écoute pas ma sœur; si elle ne t'aime pas, je t'en dédommagerai.

GABRIELLE.

Va donc avec elle, puisque tu le veux; mais souviens-toi que si tu me quittes pour consoler mademoiselle, nous cesserons d'être amies.

CHARLOTTE.

Voyons, Gabrielle, ne te fâche pas. Je ne demande pas mieux que de rester avec toi. C'est aujourd'hui fête, profitons-en ; amusons-nous, causons, rions ; Pauline n'a pas de rancune, elle oubliera tout ce que tu lui as dit, si tu promets d'être meilleure à l'avenir.

GABRIELLE.

Ne faudrait-il pas aussi lui faire des excuses? En vérité, ma pauvre Charlotte, tu es stupide, et je désespère de parvenir à t'ouvrir les yeux. La société de mademoiselle me déplaît tant que je renonce à la tienne, plutôt que de me l'imposer. Me comprends-tu maintenant?

PAULINE.

C'est à moi de vous comprendre, et je me retire. (*Elle sort.*)

SCÈNE V.

GABRIELLE ET CHARLOTTE.

CHARLOTTE.

A présent que nous sommes seules, tu vas me dire, Gabrielle, pourquoi tu traites si mal cette pauvre enfant. Il faut que, pour cela, tu aies une raison que j'ignore, et jusqu'à ce que tu me l'aies fait connaître, je t'avoue, ma sœur, que je plaindrai Pauline, et que je te désapprouverai.

GABRIELLE, *haussant les épaules.*

Mais tu ne vois donc rien, tu ne t'aperçois donc

pas que cette petite intrigante s'insinue à notre préjudice dans l'affection de ma tante ; tu n'as donc pas remarqué que ses plus douces paroles, ses plus tendres regards, ont été pour cette mendiante, et qu'elle a fait à peine attention à nous, ses nièces, presque ses enfants ?

CHARLOTTE.

Mais non, je n'ai rien vu de tout cela. J'ai trouvé ma tante aussi bonne, aussi affectueuse qu'autrefois; je te dirai même qu'elle a paru nous témoigner plus d'indulgence qu'elle n'avait coutume de le faire avant l'entrée de Pauline dans sa maison.

GABRIELLE.

Donc elle n'est plus tout à fait la même. Et que penses-tu que signifie cette indulgence plus grande que celle à laquelle nous étions habituées?

CHARLOTTE.

Elle montre, ce me semble, que ma tante, nous voyant grandir, compte beaucoup sur notre raison, sur notre affection pour elle, et qu'elle espère arriver par la douceur et la persuasion à nous corriger des défauts qu'elle croyait devoir nous reprocher jadis avec plus de sévérité.

GABRIELLE.

Que tu es encore enfant, ma pauvre Charlotte !

Écoute-moi bien : ma tante est indulgente pour nous afin que nous le soyons pour elle.

CHARLOTTE.

Quelle énigme me proposes-tu là, et en quoi ma tante peut-elle avoir besoin de notre indulgence? Vraiment, Gabrielle, tu veux t'amuser à mes dépens.

GABRIELLE.

Pas le moins du monde: je veux t'ouvrir les yeux. Puisque ton étourderie t'empêche de rien deviner, il faut que moi, ton aînée, j'aie de la perspicacité pour nous deux.

CHARLOTTE.

S'il en est ainsi, explique-toi ; car, j'en conviens, je n'y vois ni plus ni moins que quand, après m'avoir affublée d'un double foulard, tu me dis : Cherche, colin-maillard !

GABRIELLE.

Voici : ma tante a promis à notre mère de nous regarder comme ses enfants, de nous élever comme doivent être élevées des jeunes filles de notre condition, et de tout faire pour notre bonheur.

CHARLOTTE.

C'est une promesse à laquelle elle n'a jamais manqué.

GABRIELLE.

Tu crois? Eh bien! moi je prétends que, du jour où, au lieu de se contenter des deux filles que ma mère lui avait léguées, elle s'en est donné une troisième, elle nous a frustrées d'une part de sa tendresse, en attendant qu'elle nous frustre d'une part de sa fortune.

CHARLOTTE.

De sa fortune! est-ce que tu penses à cela, Gabrielle? De tels calculs ne sont pas de notre âge, et jamais, jamais pareille idée ne s'est présentée à mon esprit. Qu'avons-nous besoin de nous inquiéter de l'avenir? Ma tante est assez riche pour doter, s'il lui plaît, une orpheline, sans que cela nous nuise. D'ailleurs, ce qu'elle possède est bien à elle, elle ne nous doit rien, et s'il arrivait qu'elle disposât de sa fortune en faveur de quelqu'autre que nous, elle aurait rempli ses engagements envers notre mère; car nous lui serions redevables d'une bonne éducation, et nul bien n'est plus précieux et ne contribue plus au bonheur que celui-là.

GABRIELLE.

A merveille, ma sœur! Quel dommage que Mlle Melval ne t'entende pas! Elle serait ravie, j'en suis sûre, de la mémoire dont tu fais preuve en répétant si bien ses sentences.

CHARLOTTE.

Mon Dieu! je dis ce que je pense. C'est un mérite que tu n'as pas, Gabrielle, car tu m'as parlé de tes craintes pour l'avenir, et je suis sûre que tu n'y as jamais songé. Je te connais trop bien pour le croire. Tu as voulu donner une excuse plausible à ton aversion pour Pauline; mais si tu veux que je te parle avec franchise, je te dirai à quelle autre cause je l'attribue.

GABRIELLE.

Dis, je ne me fâcherai pas.

CHARLOTTE.

Je vais donc parler librement. Tu dépenses trop facilement, en frivolités, l'argent dont tu peux disposer pour que je te croie avare; tu aimes trop le luxe, tu te livres avec trop d'abandon au plaisir du présent pour que je te suppose bien préoccupée de ce qui n'arrivera peut-être jamais. Ce n'est donc pas là ce qui vaut à Pauline tes injures et tes dédains. Tu m'as promis de ne pas te fâcher, je compte sur ta parole. Voici la vérité toute nue : Pauline est une pauvre petite orpheline, une petite mendiante, comme tu l'appelles; mais elle est plus belle, plus aimable, plus gracieuse, plus spirituelle que nous; elle est douée d'une intelligence peu commune; en quelques mois elle a appris ce que nous avons passé cinq ou six ans à étudier et, quoi que tu aies jugé à propos de lui en dire, nous n'avons jamais tant travaillé que depuis qu'elle est avec nous. Chacun rend justice à ses bonnes qualités, au souvenir plein d'humilité qu'elle garde de son ancienne condition, aussi chacun l'aime et se réjouit de son bonheur.

GABRIELLE.

Et c'est à la jalousie que tu attribues l'éloignement qu'elle m'inspire?

CHARLOTTE.

Rien qu'à la jalousie, et j'ai raison; car ta rougeur me le prouve. D'ailleurs, ce que tu ressens, je l'ai éprouvé. Mon orgueil souffrait de voir cette petite fille l'emporter en toutes rencontres sur moi; mais en la reconnaissant si bonne, si patiente, si modeste surtout, j'ai eu honte de ce sentiment et je me suis mise à l'aimer autant qu'elle m'aime. Tu feras comme moi.

GABRIELLE.

Je ne le crois pas; sa vue seule m'irrite et il n'est pas une de ses qualités que je ne lui reproche à l'égal d'un défaut. C'est une injustice dont je me blâme et le mécontentement que j'éprouve contre moi-même double encore mon antipathie pour celle qui le cause.

CHARLOTTE.

Pourtant tu es bonne, tu es juste, puisque tu

as des regrets, presque des remords. Cette jalousie est une sorte d'infirmité morale dont je te guérirai. Songe donc, Gabrielle, au bonheur que nous goûterions ensemble si Pauline était pour nous, comme elle le mérite, une amie, une sœur.

GABRIELLE.

Tu ne vas pas te prévaloir de l'aveu que je t'ai fait pour me vanter sans cesse ta Pauline. Si tu me donnais lieu de me repentir de ma franchise, je m'en souviendrais.

CHARLOTTE.

Si je reste, je t'en parlerai malgré moi. Puisque tu veux que j'attende tout du temps, je te laisse, à moins que tu ne consentes à venir répéter avec moi ce charmant duo de Rossini, dont nous voulons faire la surprise à ma tante.

GABRIELLE.

Soit. Je n'aime pas beaucoup la musique, mais je la préfère encore aux exhortations que tu m'adresserais.

(*Elles vont pour sortir.*)

SCÈNE VI.

LES MÊMES, MADELAINE.

MADELAINE, *à Gabrielle qui précède sa sœur.*

Je vous dérange, ma bonne demoiselle, excusez-moi, s'il vous plaît... Mais en vous voyant, en vous entendant parler si doucement le matin, j'ai pensé que je ferais bien de venir vous représenter ma triste position.

GABRIELLE.

Ce n'est pas à moi qu'il faut vous adresser, c'est à ma tante. Comment se fait-il qu'on laisse arriver les mendiants jusqu'ici ? Je vais gronder Suzanne.

MADELAINE.

Ne grondez personne par rapport à moi, mademoiselle ; car je vois bien que je me suis trompée, ce n'est pas vous que j'ai rencontrée ce matin. Quoique je ne sois pas encore bien vieille, je n'y vois plus guère, ça fait que je trouve que toutes les jeunes figures ont l'air doux ; mais à la voix je ne me trompe pas. C'est sans doute votre sœur que je cherche.

CHARLOTTE.

Je ne le crois pas, ma bonne femme ; car je ne me rappelle pas vous avoir jamais vue. Mais si vous voulez venir avec moi, je vais vous conduire à ma tante, et si vous avez besoin de secours, vous verrez combien elle est charitable.

MADELAINE.

C'est que, voyez-vous, mademoiselle, je n'ai jamais rien demandé à personne, et ça coûte quand on n'en a pas l'habitude. J'étais le matin à la ferme que vous voyez là-bas, quand une jeune fille de votre taille y est venue. Elle caressait les petits enfants, et disait de si gentilles choses que, sitôt qu'elle a été partie, je me suis informée de son nom à l'un de ces marmots. C'est la demoiselle du château, dit-il. Et je me suis décidée à venir jusqu'ici dans l'espoir de la rencontrer.

CHARLOTTE.

C'est Pauline. Eh bien ! ma bonne femme, asseyez-vous là, je vais la chercher. Viens-tu, Gabrielle? (*Elles sortent.*)

SCÈNE VII.

MADELAINE, *seule.*

Si je n'avais pas déjà parlé à cette demoiselle Pauline, je me serais bien adressée à celle-ci ; car elle a l'air d'avoir aussi bon cœur et de n'être pas plus fière. Pourvu qu'elle ne soit pas longtemps à revenir. J'ai peur qu'on ne me demande ce que je fais ici... Un costume comme le mien, ça n'inspire pas grande confiance, et si l'on me supposait quelque mauvaise intention, ça me ferait bien de la peine... Mais la voici, Dieu merci. (*Elle se lève et s'approche de Pauline.*)

SCÈNE VIII.

MADELAINE, PAULINE.

MADELAINE.

Ma bonne demoiselle...

PAULINE.

Asseyez-vous, madame. Vous devez être fatiguée, car il y a loin d'ici à la ferme. Voici le peu d'argent que je possède (*elle tire sa bourse*), je vous l'aurais porté si j'avais pu sortir; mais je n'ai pas osé en demander la permission. Prenez sans crainte, ma pauvre femme, cet argent est bien à moi.

MADELAINE.

Oh! merci, mademoiselle, vous êtes digne d'être riche, puisque vous êtes si charitable.

PAULINE.

Riche! Je ne le suis pas.

MADELAINE.

C'est pourtant bien vous qu'on a appelée devant moi la demoiselle du château.

PAULINE.

J'habite le château, en effet; mais parce que celle à qui il appartient m'y a donné asile. C'est une dame bien compatissante et bien généreuse. Si vous vouliez la voir ?

MADELAINE.

Non, ma petite demoiselle. Il y a au moins vingt francs dans cette bourse, c'est plus qu'il ne m'en faut pour retourner à Paris. Là, je trouverai de l'ouvrage et du pain.

PAULINE.

Mon Dieu ! quel malheur que je n'aie rien autre chose à vous offrir. (*Elle retourne ses poches et voit le portrait.*) Mais oui, ce cercle d'or. Si je pouvais le détacher.

MADELAINE.

Non, mademoiselle, n'en faites rien ; on vous gronderait peut-être.

PAULINE.

Je ne crains pas cela ; si je disais que j'ai enlevé la garniture de ce beau portrait pour soulager une pauvre femme, celle qui me l'a donné m'en aimerait davantage. C'est ma bienfaitrice, c'est la dame du château. Vous avez tort de ne pas vouloir la voir. Elle vous soulagerait et elle vous consolerait ; car non-seulement vous êtes pauvre, mais vous avez bien du chagrin.

MADELAINE.

Comment pouvez-vous deviner cela, aussi jeune que vous l'êtes ?

PAULINE.

Parce que j'ai été pauvre aussi, parce que, toute petite, je demandais l'aumône aux passants, et que j'ai bien des fois pleuré en mangeant le pain qu'ils me donnaient. Allez, je suis bien jeune, mais je sais ce que c'est que de souffrir, et si vous vouliez me croire, vous me laisseriez parler pour vous à celle qui m'a recueillie. Regardez comme elle est belle, comme on voit bien qu'elle est bonne. (*Elle lui montre le portrait.*)

MADELAINE, *le regardant.*

Que vois-je! C'est elle!...

PAULINE.

C'est elle! Vous la connaissez donc?

MADELAINE.

Si je connais madame de Valmont? Plût à Dieu que je ne l'eusse jamais connue!...

PAULINE.

Prenez garde, je vous en prie; la souffrance vous rend injuste : ma bienfaitrice n'a jamais fait de mal à personne.

MADELAINE.

Elle m'a comblée de ses bontés, et moi j'ai empoisonné sa vie.

PAULINE, *se reculant avec effroi.*

Vous !

MADELAINE.

Ah! vous avez raison de vous éloigner de moi, je suis une malheureuse, et pourtant j'ai bien cruellement expié ma faute. Regardez mes cheveux blancs, mon front ridé, ma taille voûtée; vous me donneriez soixante ans, j'en aurai trente-six à la Saint-Jean prochaine.

PAULINE.

Et c'est le regret du mal que vous lui avez fait qui vous a mise en cet état. S'il en est ainsi, calmez-vous et venez le lui dire, elle vous pardonnera.

MADELAINE.

La voir ! y pensez-vous ? Mais si elle pouvait me reconnaître, ma vue la tuerait.

PAULINE.

En ce cas, partez, partez bien vite. Si elle venait ici!

MADELAINE.

Ne craignez rien. Il y a douze ans qu'elle ne m'a vue. J'étais jeune alors, j'étais bien portante, j'étais gaie. On ne m'appelait que Madelon la rieuse. Mais, depuis douze ans, je ne ris plus. Puisque c'est madame de Valmont qui est votre bienfaitrice, puisque j'ai, sans le savoir, pénétré sous son toit, parlez-moi d'elle, mon enfant, je vous en prie.

PAULINE.

Que voulez-vous que je vous en dise ? Il faut que vous ne l'aimiez pas pour que vous ayez pu vous résoudre à l'offenser.

MADELAINE.

Si je n'avais fait que l'offenser, j'aurais été me jeter à ses pieds et, vous ne vous trompez pas, elle m'aurait pardonnée. J'ai fait bien plus que cela, j'ai causé son malheur et pourtant je l'aime. Dites-moi, mon enfant, l'avez-vous souvent vue pleurer ? Avez-vous vu souvent son front pensif quand elle croyait être seule ?

PAULINE.

Oui, bien souvent. Quand nous l'entourons, ses nièces et moi, quand nous nous efforçons de l'égayer, elle sourit doucement ; mais tout en nous souriant, elle se détourne parfois pour essuyer une larme. Rassurez-vous toutefois, cette larme, ce n'est pas vous qui la faites couler, c'est le souvenir de sa fille, de son unique enfant qu'elle a perdue il y a bien des années.

MADELAINE.

Il y a douze ans... Ces pleurs, c'est moi qui les lui arraché... Je le savais bien.

PAULINE.

Je ne vous comprends pas.

MADELAINE.

Sachez donc ce que je voudrais moi-même oublier. Il y a douze ans, j'étais au service de madame de Valmont, un service bien doux, que la bonté de ma maîtresse rendait trop doux, vous allez le voir. Elle avait une petite fille charmante, elle l'aimait... elle l'aimait... Moi, je l'aimais aussi, ce petit ange qui toujours souriait... Je n'avais rien à faire que de la soigner, de la promener, de chanter pour l'endormir, encore madame s'en chargeait-elle le plus souvent. L'enfant venait à merveille... A dix-huit mois elle égayait toute la maison... A deux ans elle parlait comme vous et moi, et les jardins de l'hôtel (nous demeurions alors à Paris) lui paraissaient trop petits. Elle était sans cesse à me répéter : Madelon, viens courir... Madelon, allons-nous-en... Et madame me disait : Allons, va, Madelon, puisque Blanche le veut. Mais prends bien garde qu'il ne lui arrive malheur. Ne te mêle jamais à la foule, conduis-la sous les beaux arbres du Luxembourg et ne la quitte pas un instant. J'obéissais sans peine ; car, je vous l'ai dit, j'aimais la petite de tout mon cœur. Mais un jour, je ne sais comment cela se fit, au lieu de prendre le chemin du Luxembourg, j'allai me promener le long des quais. Deux jeunes filles, qui gardaient chacune un enfant, m'y entraînèrent. J'en fus contente d'abord, Blanche jouait de si bon cœur avec ces autres petits. Tout à coup on entend de la musique, c'était un régiment qui défilait; je m'avance un peu pour voir tous ces soldats en grande tenue. Un instant après, je veux reprendre la petite, une foule de curieux me séparaient de l'endroit où je l'avais laissée; je fends la presse, je regarde, j'appelle, je cherche, je ne la trouve plus. Je cherche, j'appelle de nouveau, je la demande à tout le monde... On s'attroupe autour de moi... Chacun cherche à connaître la cause de mon désespoir... J'entends un homme dire : C'est son enfant qui est tombé à l'eau... Je me précipite dans la Seine, croyant l'y retrouver... J'étais folle... On m'arracha à la mort; mais je ne recouvrai la raison et la santé que deux mois plus tard. Madame de Valmont, croyant sa fille morte, avait quitté Paris, puis la France. Moi, quand j'ai su qu'on n'avait pas retrouvé l'enfant noyé, je me suis rappelée avoir vu rôder autour de moi une femme de mauvaise mine, et j'ai été persuadée qu'on m'avait volé ma petite Blanche. Je l'ai cherchée partout, espérant pouvoir la rendre à sa mère. Les mois, les années s'écoulèrent, et quand j'appris que madame de Valmont était revenue d'Amérique, je n'osai pas paraître devant elle, pour lui dire ce que je pensais. Il me semblait qu'il valait mieux qu'elle crût sa fille un petit ange en paradis, que de la savoir entre les mains d'une misérable, en proie à la misère, à la faim et aux mauvais traitements. Si je me suis trompée, si j'ai mal fait, que le bon Dieu me le pardonne !

A présent, mademoiselle, voilà que vous savez comme moi ce que je suis et quel malheur j'ai causé. Puisque vous voyez madame de Valmont à toute heure, tâchez de la consoler. Mais ne lui dites rien de cela. Il est trop tard pour qu'elle retrouve sa fille ; car je n'ai pas passé un seul jour sans la chercher et rien, rien n'a pu me mettre sur ses traces.

PAULINE.

Je crois que vous avez raison, qu'il vaut mieux qu'elle ignore tout ce que vous venez de m'apprendre, car cette espérance et les déceptions qui la suivraient causeraient peut-être sa mort. Pourtant, si vous y consentiez, j'en parlerais à mon institutrice, une personne sage, capable de donner un bon conseil et sincèrement dévouée à madame de Valmont. Si vous le vouliez même, je la prierais de venir causer un instant avec vous.

MADELAINE.

Eh bien ! vous lui direz tout vous-même. Car le chagrin que j'ai éprouvé en vous racontant ces détails m'a tout à fait épuisée. Je retourne à la ferme et je partirai demain. Vous ferez bien de la consulter; mais elle n'a pas besoin de moi, je ne sais rien de plus, rien que ce que je vous ai dit.

PAULINE.

Ne vous en allez pas encore, je vous en prie. Quand je pense que madame de Valmont pourrait encore être heureuse, je ne sais ce que j'éprouve, et il me semble que si je vous laisse partir, ce bonheur va lui échapper. Tenez, croyez-moi, vous devriez la voir. Son enfant, sa fille n'est pas morte... Songez donc à sa joie... Rien que pour ces paroles, elle vous bénirait. Mais la voilà... la voilà... vous ne pouvez plus l'éviter...

SCÈNE IX.

MADELAINE, PAULINE, Mme DE VALMONT.

Mme DE VALMONT.

Eh bien ! Pauline, vous voulez donc garder pour vous seule le bien que vous trouvez à faire. Vous méritez que je vous gronde pour ne pas m'avoir prévenue de la présence de quelqu'un qui a besoin de secours.

PAULINE.

Ce n'est pas ma faute, madame.

MADELAINE.

Oh ! non; c'est moi, madame, qui ai refusé de vous voir. (*Bas.*) Comme je tremble !...

Mme DE VALMONT.

Vous aviez tort, ma pauvre amie, quiconque souffre ici est le bienvenu. Vous paraissez faible et malade, vous passerez quelques jours au château ; nos soins vous guériront, et si vous n'avez ni asile, ni famille, nous trouverons à vous occuper.

PAULINE.

Quand je vous disais qu'il n'y a pas un cœur meilleur et plus généreux. Vous resterez, n'est-ce pas?

MADELAINE.

Non, non, c'est impossible.

SCÈNE X.

LES MÊMES, Mlle MELVAL, CHARLOTTE, GABRIELLE.

CHARLOTTE.

Ma tante, voici une lettre que Suzanne vient de me remettre pour vous.

Mme DE VALMONT.

Merci, ma fille. (*Elle lit.*)

(*Pauline tire à l'écart Mlle Melval, et lui parle tout bas.*)

CHARLOTTE, *à Madelaine.*

Ma bonne dame, nous venons vous offrir, ma

sœur et moi, ce que nous possédons. Il y a près d'une heure que nous attendons votre sortie ; car nous ne voulons pas que Pauline ait toute seule la joie de vous avoir obligée.

MADELAINE.

Merci, mademoiselle, je vous reconnais bien, et je ne m'étonne pas de vous voir si bonne, j'avais bien deviné que vous l'étiez. Mais mademoiselle Pauline, puisque c'est Pauline que vous l'appelez, m'a donné plus d'argent qu'il ne m'en faut.

GABRIELLE, *bas.*

Vous prendrez au moins le mien pour me prouver que vous ne me gardez pas rancune de la manière dont je vous ai reçue.

MADELAINE.

Je n'en ai pas besoin, mademoiselle ; mais je ne vous garde pas rancune ; seulement je vous dirai : Soyez bonne pour le pauvre monde. Il a déjà bien assez à souffrir sans qu'on l'humilie par des paroles dures ou orgueilleuses. Soyez bonne et le bon Dieu vous rendra heureuse.

CHARLOTTE.

Tu l'entends. Souviens-toi de ce qu'elle te dit ; souviens-t'en pour Pauline, ma sœur, je t'en prie.

GABRIELLE, *à Madelaine.*

Vous m'avez donc jugée méchante quand je vous ai répondu si impatiemment ?

MADELAINE.

Vous ne l'êtes pas ; je le vois bien, mademoiselle ; mais j'ai cru que vous l'étiez, et à présent que je reconnais que je me suis trompée, je ne peux pas m'empêcher de dire : Quel dommage que la vanité gâte un si bon cœur !

GABRIELLE, *à part.*

La vanité... oui, on a raison : je passe pour méchante et je ne suis que vaine.

Mlle MELVAL, *à Madelaine.*

Vous resterez pendant quelques jours au château, n'est-ce pas, ma bonne femme ? (*Plus bas.*) Pauline m'a tout dit ; il le faut.

PAULINE.

Oh ! ne me refusez pas, je vous en supplie ! (*Elle lui prend les mains.*)

MADELAINE.

Vous le voulez, ce serait bien mal de vous résister, à vous qui m'avez accueillie et soulagée avec tant de bonté. (*Elle regarde la main de Pauline.*) Quelle jolie petite main que celle qui fait ainsi l'aumône ! Mais, mon Dieu !... non... Je ne me trompe pas...

PAULINE.

Qu'avez-vous?... Que voulez-vous dire?

MADELAINE *l'entraîne vers Mme de Valmont.*

Madame, madame, est-ce que ces quatre petites taches bleues, en forme de croix, ne vous rappellent rien ? (*Elle montre le poignet droit de Pauline.*)

Mme DE VALMONT, *qui, depuis quelque temps, lit avec une extrême agitation.*

Laissez-moi, laissez-moi, je veux être seule... Cette lettre me rendra folle.

MADELAINE, *s'éloignant.*

C'est moi qui suis folle !... Quel bonheur qu'elle ne m'ait pas entendue. (*A Pauline.*) Connaissez-vous vos parents?

PAULINE.

Non. La femme qui m'a élevée, en m'apprenant à mendier, disait que j'étais une enfant abandonnée dont, par pitié, elle prenait soin.

CHARLOTTE.

Que se passe-t-il donc?

MADELAINE, *à Mme de Valmont.*

Madame, il faut absolument que vous m'écoutiez. N'avez-vous jamais vu de main qui ressemble à celle-ci? (*Elle lui désigne les taches bleues.*)

Mme DE VALMONT.

Pauline!... Quelle étrange ressemblance... Un signe que je croyais unique... Ah! viens... je vais t'aimer encore davantage.

MADELAINE.

Vous vous souvenez donc?

Mme DE VALMONT.

Si je me souviens de la main de ma fille... Laisse-moi baiser cette petite croix, qu'à la naissance de ma Blanche je regardai comme un symbole protecteur.

Mlle MELVAL.

Il paraît, madame, qu'il y a en ce moment dans le pays une femme qui vous a beaucoup connue au temps où vous étiez heureuse.

Mme DE VALMONT.

Cette lettre me l'annonce, et c'est ce qui me trouble à ce point. Mais c'est une erreur. Madelon est morte.

MADELAINE.

Non, madame, Madelon est à vos pieds... (*Elle se jette à ses genoux.*)

Mme DE VALMONT.

Madelon... Toi... C'est impossible.

MADELAINE.

Le chagrin fait vieillir bien vite.

Mme DE VALMONT.

Tu n'as donc pas pu la sauver, Madelon?... (*Elle la relève.*)

MADELAINE.

Elle n'était pas tombée à l'eau, madame, on me l'avait volée.

Mme DE VALMONT.

Volée!... Mais elle pourrait vivre... Et si elle vivait, mon Dieu... (*Elle attire vivement Pauline à elle, et relève les cheveux qui couvrent son cou.*) Madelon... Cette brûlure, presque effacée...

MADELAINE.

Moi... Oui, c'est encore moi qui la lui ai faite, un jour que je repassais et qu'elle était venue jouer autour de moi...

Mme DE VALMONT.

Pauline... Pauline... Je n'ose en croire ni mon cœur ni mes yeux, elle serait ma fille!...

Mlle MELVAL.

Ne m'avez-vous pas dit, Pauline, que vous gardez comme une relique un anneau d'argent que vous portiez au cou, lorsqu'on vous recueillit?

PAULINE.

Le voici.

Mme DE VALMONT.

Je ne connais pas cet anneau.

MADELON.

Mais je le connais, moi... C'est une bague qui vient de ma pauvre mère. Blanche la voyant briller à mon doigt l'avait voulue ; et de crainte qu'elle ne la perdît, je l'avais attachée à un ruban passé à son cou.

Mme DE VALMONT.

Blanche!... Ma fille!... (*Elle lui tend les bras.*)

PAULINE.

Ma mère!...

CHARLOTTE, *pleurant.*

Quel bonheur! quel bonheur! Où vas-tu donc, Gabrielle?

GABRIELLE.

Laisse-moi, Charlotte, je n'ai plus qu'à quitter cette maison, je n'ai plus qu'à me cacher.

Mlle MELVAL.

Rassurez-vous, Gabrielle, Pauline sera plus généreuse que vous.

GABRIELLE.

Non, non, j'ai été trop coupable envers elle. Laissez-moi partir.

Mme DE VALMONT, *tenant toujours Pauline sur son cœur.*

Ma fille! Ma fille bien-aimée, je te retrouve... Je te retrouve telle que je t'aurais souhaitée... si j'eusse osé rêver une telle félicité...

PAULINE.

Ma mère!... Mon cœur vous avait devinée. Tout le respect, tout l'amour qu'une fille peut porter à sa mère, je l'avais pour vous. (*A Mlle Melval.*) Ne vous l'ai-je pas dit souvent, mademoiselle, à vous qui m'écoutiez toujours avec indulgence et qui lisiez dans mon âme? Ne vous l'ai-je pas dit bien des fois, à vous, mes amies, mes sœurs?... Maintenant, je puis vous donner ce doux nom, puisque nous avons la même mère... Mes sœurs... Oh! venez, venez vous réjouir avec moi.

Mme DE VALMONT.

Oui, venez, car elle a raison : vous êtes mes enfants!...

CHARLOTTE, *à Pauline qui s'approche.*

Chère Pauline, ma bonne sœur, que je suis contente de te voir aussi heureuse que tu mérites de l'être!

PAULINE.

Oh! je le sais, Charlotte, je le sais... (*Elle l'embrasse et va au-devant de Gabrielle.*) Aimez-moi aussi un peu, chère Gabrielle, pour qu'il ne manque rien à mon bonheur.

GABRIELLE.

Pauline, vous me confondez... Quoi, c'est vous qui faites vers moi les premiers pas! Avez-vous donc oublié tout ce que je vous ai fait souffrir?

PAULINE.

Chut! On va vous entendre. Vous ne m'avez jamais fait aucun mal : je ne suis plus Pauline, mais Blanche, votre cousine, votre sœur, si vous y consentez. Vous ne me connaissez pas; soyez généreuse, accordez-moi votre amitié. (*Elles s'embrassent.*)

MADELAINE.

Me pardonnerez-vous jamais, madame, tous les chagrins que je vous ai causés?

Mme DE VALMONT.

Oh! je te pardonne tout, Madelon... Ne m'as-tu pas rendu ma fille?

PAULINE.

Maman, si vous voulez m'accorder une grâce, je prierai Madelon de rester avec nous.

MADELON.

Oui, madame, laissez-moi reprendre ma place auprès de mademoiselle Blanche, et, je vous le promets, je ne la quitterai plus.

Mme DE VALMONT.

J'allais te le demander, ma bonne Madelon. Il est bien juste qu'elle te fasse oublier toutes les larmes qu'elle t'a coûtées.

MADELON.

Voilà le plus beau jour de ma vie... Ça devait être; car dès le matin j'avais rencontré un ange. En voyant cette chère demoiselle, si bonne, si douce, en l'entendant parler avec tant d'affection aux gens de la ferme, et à moi-même, qu'elle ne connaissait pas, je me disais tout bas : Le bon Dieu récompensera cette jeune fille; car elle mérite bien d'être heureuse.

Mme DE VALMONT.

Elle le méritera de plus en plus, je l'espère; et elle n'oubliera jamais combien sa bonne action lui a porté bonheur.

FIN D'UNE BONNE ACTION PORTE BONHEUR.

LE TABLEAU

PIÈCE EN UN ACTE.

PERSONNAGES.

Mme LORMOY.
ARMANDE, } ses petites-filles.
LÉONIE, }
Mme DUBREUIL, leur tante.
JUSTINE, sœur de lait d'Armande.

LE TABLEAU

SCÈNE PREMIÈRE.

ARMANDE ET JUSTINE.

Armande est très-simplement vêtue, elle porte un petit paquet renfermant de la broderie. Elle ôte, en entrant, son bonnet et son châle.

ARMANDE.

Eh bien ! Justine, le docteur est-il venu ?

JUSTINE.

Oui, mademoiselle, il sort d'ici.

ARMANDE.

Je me suis pourtant bien hâtée pour arriver à temps. Mais ce Paris est si grand que quand on vous dit : « L'endroit où vous voulez aller n'est qu'à deux pas, » vous avez une lieue à faire. Qu'a dû penser grand'maman en ne me voyant pas à son chevet?

JUSTINE.

Elle vous a demandée; je suis montée à votre chambre, et, ne vous y trouvant pas, j'ai dit que vous reposiez si bien que je n'avais pas osé vous appeler. Là-dessus, madame Lormoy a répondu :

Elle dort, tant mieux, pauvre chère enfant !... Elle doit avoir grand besoin de ce sommeil réparateur. Prends bien garde de faire du bruit, Justine, car il ne faut pas l'éveiller. Docteur, a-t-elle ajouté, mes filles sont deux anges..... Elle en aurait sans doute dit davantage ; mais mademoiselle Léonie est entrée.

ARMANDE.

Et sais-tu ce que le médecin a dit, comment il a trouvé bonne maman ce matin?

JUSTINE.

En pleine convalescence. Il lui a permis de se lever et de se promener un peu dans sa chambre et il a annoncé à mademoiselle Léonie qu'il ne reviendrait plus que de temps en temps, ses soins n'étant plus nécessaires à la malade.

ARMANDE.

Dieu soit loué! Si tout le reste nous manque, notre mère du moins nous restera.

JUSTINE.

Et le reste reviendra, allez, mademoiselle, avec du temps et de la patience. Le bon Dieu n'abandonne pas ceux qui ont confiance en lui. Mais dites-moi donc, je vous en prie, d'où vous venez desi grand matin.

ARMANDE.

Du magasin de broderie. Est-ce que tu ne l'as pas deviné?

JUSTINE.

Pourquoi ne m'y avez-vous pas envoyée? Je sais bien que rien ne vous coûte tant que d'aller ainsi toute seule par les rues. Vous n'avez pas été habituée à ça, et si vous êtes sortie c'est que vous n'êtes pas contente de la manière dont je fais vos commissions. Pourtant, j'y mets tous mes soins, et au lieu de me laisser là, il fallait me dire comment je devais m'y prendre pour mieux m'en acquitter à l'avenir. Vrai, mam'selle Armande, ça me fait de la peine.

ARMANDE.

Et c'est à tort, car je n'ai pas voulu t'affliger. Je n'ai que des remerciements à te faire, ma bonne Justine, pour ton affection et ton dévouement. Les cœurs comme le tien sont rares; aussi Léonie et moi nous te regardons comme notre meilleure amie.

JUSTINE.

S'il en est ainsi, pourquoi avez-vous fait ma besogne? Ah! si vous aviez voulu m'épargner une course, ce serait bien mal...

ARMANDE.

Rassure-toi. La broderie dont je me suis occupée jusqu'à présent me rapportait fort peu; c'était de la broderie commune, que je faisais beaucoup trop bien. Léonie me conseillait de te dire de m'apporter quelque chose de plus fin et par conséquent de mieux payé. Mais je n'ai pas osé me charger de ce genre de travail sans l'avoir vu, c'est pourquoi je me suis décidée à aller moi-même au magasin. Il ne m'a pas été difficile de le trouver sur les indications que tu m'avais données ; seulement il y a bien plus loin que tu ne me l'avais dit.

JUSTINE.

C'est que vous n'aimez pas à sortir. Moi, c'est autre chose, je n'ai jamais tant de plaisir que quand je me promène.

ARMANDE.

Surtout quand ces promenades ou plutôt ces courses peuvent être utiles à quelqu'un. (*Elle lui tend la main.*)

JUSTINE, *contenant son émotion.*

Eh bien ! mademoiselle, avez-vous trouvé ce que vous désiriez ?

ARMANDE.

Oui, je te montrerai cela tout à l'heure. Je cours souhaiter le bonjour à grand'maman.

SCENE II.

JUSTINE, *seule.*

Nous n'avons plus de bois... Pourtant, puisque madame va se lever, il faudra du feu. Quand on relève de maladie et qu'on a soixante-dix ans surtout, on tremble au cœur de l'été, à plus forte raison au mois d'avril. Voyons un peu ce qu'il y a dans ma bourse... (*Elle tire un petit sac de sa poche, compte de la monnaie et l'empile.*) Un, deux, trois francs cinq sous. Ce n'est guère; mais les locataires de cette maison-ci ne sont pas bien riches, et quand je fais pour eux quelque commission, ils ne peuvent me donner grand'chose. Heureusement, c'est aujourd'hui le 15, la dame du second va me payer les six francs qu'elle me doit pour avoir fait son ménage pendant un mois. Ça me fera neuf francs cinq sous. Ça sera toujours assez pour le moment. Je ne serai pas obligée de dire à cette pauvre demoiselle Armande, qui se tue de travailler, sans pouvoir parvenir à mettre les deux bouts ensemble : Il n'y a plus de bois. Rien que de penser au regard si triste qu'elle me jetterait quand je lui apprendrais ça, j'en avais le frisson. Mais, Dieu merci, elle ne le saura pas. Je m'en vas bien vite en acheter, et je le monterai pendant qu'elle est auprès de madame. (*Elle va pour sortir.*)

SCÈNE III.

JUSTINE, LÉONIE.

LÉONIE.

Où cours-tu donc, Justine?

JUSTINE, *avec embarras.*

Je ne courais pas, mademoiselle, j'allais... j'allais à la provision.

LÉONIE.

Ah! tu sors, ma bonne Justine, tant mieux.

JUSTINE.

Mademoiselle a donc quelque ordre à me donner?

LÉONIE.

Non, mais une confidence à te faire et un service à te demander.

JUSTINE.

Mademoiselle me fait beaucoup d'honneur en me choisissant pour confidente, et elle peut être sûre de toute ma bonne volonté pour la servir.

LÉONIE.

Je la connais, Justine, cette bonne volonté; mais écoute: avant que je te dise rien, il faut que tu promettes de me garder le secret.

JUSTINE.

Le secret, envers qui?

LÉONIE.

Envers grand'maman, envers tout le monde, envers ma sœur, surtout.

JUSTINE.

C'est que vous savez, mademoiselle, combien j'aime mademoiselle Armande. Elle veut bien se rappeler que je suis sa sœur de lait, que j'ai été élevée avec elle à la ferme des Ormeaux, que nous nous tutoyions quand nous étions petites, et elle me traite avec tant de bonté qu'il m'est presque impossible de lui rien cacher. Donc, je préfère ne pas vous promettre la discrétion que vous exigez, que de manquer à ma parole.

LÉONIE.

Oui, je sais combien tu aimes ma sœur, combien est grande ta confiance en elle. Comment pourrait-on ne pas l'admirer et la chérir? Elle est si bonne, si douce, si modeste. Mais comme tu me regardes, Justine! Pourquoi donc cet air étonné?

JUSTINE.

Mademoiselle, pardon... Mais c'est que...

LÉONIE.

C'est que tu m'as entendue tenir autrefois un langage tout différent; et tu ne sais si à cette heure je raille ou je parle sérieusement. Je ne t'en fais point de reproche, Justine, car je t'ai donné le droit de me juger bien sévèrement.

JUSTINE.

Moi, vous juger, mademoiselle, oh! jamais je ne me le serais permis. Je sais trop quelle distance la fortune et l'éducation ont mise entre vous et moi.

LÉONIE, *souriant*.

La fortune? A mon tour je vais croire que tu railles. Nous avons été riches, il est vrai; mais nous sommes pauvres aujourd'hui, plus pauvres que toi, Justine; car nous avons des besoins que tu ne connais pas, des souvenirs et des préjugés qui nous rendent plus pénibles qu'à toi-même les privations et le travail. Quant à l'éducation que j'ai reçue, elle n'a servi longtemps qu'à m'inspirer une sotte et ridicule vanité.

JUSTINE.

Que dites-vous, mademoiselle?

LÉONIE.

Que l'exemple d'Armande, que le tien, Justine, m'ont fait rougir de moi-même et que j'ai résolu de devenir bonne, laborieuse et simple comme ma sœur.

JUSTINE.

Oh! que mademoiselle Armande va être contente! Le plus grand souci que lui causait la pauvreté, c'était la crainte que vous ne pussiez jamais vous y accoutumer et cesser de regretter votre opulence perdue : « Grand'maman est bien vieille, disait-elle parfois; elle est presque infirme; avec du travail nous parviendrons à faire qu'elle ne s'aperçoive pas trop du changement survenu dans notre position. Qu'elle ait un bon fauteuil, du feu l'hiver, un rayon de soleil l'été, du tabac frais et un peu de bouillon chaque jour, c'est tout ce qu'il lui faut. Moi, je n'ai pas le goût du monde, je ne tiens pas à la toilette ; mes journées, partagées entre le travail et les soins nécessaires à notre aïeule, s'écoulent sans ennui. Grand'maman et moi, nous pourrons donc encore être heureuses; mais Léonie?... »

LÉONIE.

Mais Léonie qui est si vaine, si orgueilleuse, troublera notre paix par ses dédains et ses plaintes. Parle sans crainte, Justine, sois franche jusqu'au bout; car je me rends justice : voilà ce que devait dire Armande.

JUSTINE.

Oh! non, mademoiselle; non, je vous l'assure. Elle disait : Mais Léonie qui est jeune et rieuse, Léonie qui a passé une année au milieu d'une société brillante où chacun l'admirait et la fêtait, Léonie qui a de l'esprit et des talents, ne s'ensevelira pas sans regret dans notre obscurité.

LÉONIE.

Bonne sœur! aussi indulgente pour les autres, aussi disposée à les louer qu'ignorante de son propre mérite. Oh! puisqu'elle s'inquiète ainsi de mon avenir, il serait bien mal à moi de ne pas la rassurer.

JUSTINE.

Ah! oui, mademoiselle. Ainsi vous ne me demandez plus de secret, vous n'avez plus rien à m'ordonner, je puis sortir. (*A part.*) Voilà qu'il est onze heures, et mon ménage du second n'est pas fait, et mon bois n'est pas acheté.

LÉONIE.

Au contraire, j'ai plus que jamais besoin de toi. C'est que, vois-tu, Justine, je ne sais comment te dire cela.

JUSTINE.

Il ne faudra pas grande explication, mademoiselle; l'habitude de faire des commissions m'aide à comprendre à demi-mot. Est-ce chez la mercière, chez le marchand de musique, chez le parfumeur, chez la couturière, qu'il faut que j'aille?

LÉONIE.

Non, c'est chez le brocanteur.

JUSTINE.

Chez le brocanteur, soit. Je lui dirai?...

LÉONIE.

Tu lui montreras ce que je te remettrai et tu verras quel prix il en veut offrir.

JUSTINE.

Je ferai de mon mieux, mademoiselle. Seulement, si vous me le permettez, je vous dirai qu'on trouve à se défaire avec si peu d'avantage d'objets qui ont coûté fort cher, qu'à moins d'une nécessité absolue...

LÉONIE.

Je suis de ton avis; mais j'aurais dû me décider beaucoup plus tôt à ce que je veux faire aujourd'hui.

JUSTINE.

Ça suffit, mademoiselle. Où devrai-je prendre ces objets?

LÉONIE.

Il n'y en a qu'un, je vais le chercher. Attends-moi ici.

(*Elle sort d'un côté, Armande entre de l'autre.*)

SCÈNE IV.

JUSTINE, *puis* ARMANDE.

JUSTINE.

Quelque colifichet qu'elle veut vendre... Pauvre demoiselle, ça ne lui rapportera pas beaucoup d'argent ; mais ça lui mettra le cœur en paix ; car elle a bien regret de n'avoir pas depuis longtemps imité sa sœur qui travaille si courageusement.

ARMANDE.

Je croyais trouver ici Léonie. Où se cache-t-elle donc ? Pourtant, je ne voudrais pas qu'elle fût privée du plaisir d'aider bonne maman à se lever, pour la première fois, après une si longue maladie.

JUSTINE.

Mademoiselle Léonie ne va pas tarder à rentrer ici, et, si vous le voulez, je la prierai, sitôt qu'elle reviendra, d'aller vous rejoindre dans la chambre de madame.

ARMANDE.

Surtout dis-lui de se hâter. Bonne maman est impatiente d'essayer ses forces.

JUSTINE.

Soyez tranquille, mademoiselle, vous n'attendrez pas longtemps. (*Armande sort.*)

SCÈNE V.

JUSTINE ET LÉONIE.

JUSTINE.

Si mademoiselle Armande était restée une minute de plus, adieu la surprise.

LÉONIE.

Armande est venue me chercher?

JUSTINE.

Oui, mademoiselle; elle vous prie d'aller la retrouver.

LÉONIE.

Auprès de bonne maman? J'y cours. Tiens, voici le paquet; Dieu veuille que tu réussisses à t'en défaire. (*Elle le lui remet.*)

JUSTINE.

Mais, mademoiselle, si je ne sais pas ce qu'il renferme, comment ferai-je?

LÉONIE.

Ouvre-le, si tu veux.

SCÈNE VI.

JUSTINE, *seule.*

Voyons donc ce que contient ce papier si bien ficelé. Ce n'est ni un collier, ni une bague, ni une robe; non, ce n'est rien de ce que je pensais. (*Elle développe le papier.*) Ah! c'est un tableau. Un tableau que mademoiselle Léonie a fait en cachette et qu'elle veut vendre, pour être, elle aussi, utile au petit ménage. Chère demoiselle Léonie!... Mais voyons la peinture; car ceci c'est l'envers. (*Elle retourne la toile qui est restée sur la table.*) Oh! notre belle ferme des Ormeaux... Les bois, la rivière, et là-haut le joli château où mes maîtres ont été si heureux. Comme tout cela est beau, comme tout cela est vrai... Si j'étais riche, je paierais ce petit tableau-là bien cher... Mais je n'ai rien... Ah! si, j'ai neuf francs cinq sous... Neuf francs cinq sous que j'ai économisés et que je vais employer à acheter quelques fagots pour réchauffer madame Lormoy, qui possédait plus de deux lieues de forêts. Car c'était une grande fortune que la sienne, une fortune à laquelle les pauvres avaient part. Je me rappelle bien encore le temps où elle allait de chaumière en chaumière porter, soit des secours, soit des consolations, soit des paroles d'amitié... Mais la voici qui vient, j'entends son pas pesant. Vite, courons chercher de quoi faire un bon feu, et n'oublions pas le tableau.

Elle sort en courant.)

SCÈNE VII.

Mme LORMOY, ARMANDE, LÉONIE.

ARMANDE.

Ne craignez pas de vous appuyer sur nous, bonne maman. Vous ne nous fatiguez pas du tout.

LÉONIE.

Oh ! non, nous irions ainsi bien loin. Nous sommes si heureuses !

Mme LORMOY.

Vous aimez tant votre vieille mère que le bon Dieu vous en récompensera, mes chères enfants. Quant à moi, je l'en prierai chaque jour de tout mon cœur, et je lui rendrai grâce de m'avoir laissée, lorsqu'il lui a plu de me dépouiller de ma fortune, deux filles si tendres et si dévouées. Quand on se voit l'objet d'une telle affection, on peut oublier bien des chagrins.

ARMANDE.

Arrêtons-nous ici, bonne maman ; il ne faut pas vous fatiguer.

LÉONIE, *approchant un fauteuil.*

Voici votre fauteuil, maman. Armande l'a recouvert et rembourré. Mettez vos pieds sur ce tabouret. C'est aussi Armande qui l'a brodé. Si vous saviez, grand'maman, combien de fois j'ai vu rouler de grosses larmes dans ses yeux quand ils venaient à s'arrêter sur ce fauteuil vide ; si je pouvais vous dire combien elle est bonne et courageuse, vous la chéririez encore davantage.

ARMANDE.

Léonie me flatte, grand'maman, il ne faut pas vous en rapporter aux éloges qu'elle me donne.

LÉONIE.

Prends garde, Armande, si tu soupçonnes ma sincérité, je dirai tout et bonne maman jugera.

ARMANDE, *d'un ton de reproche.*

Léonie...

Mme LORMOY.

Rassure-toi, je ne veux rien entendre. Ce petit débat qui vient de s'élever entre vous, m'a appris tout ce que je voulais savoir. Votre mutuelle tendresse vous aidera à supporter l'infortune. Vous êtes dignes l'une de l'autre et, tant que vous vous resterez, vous ne serez point malheureuses. J'espère d'ailleurs rentrer dans une partie de mes biens, car ceux de votre père suffiront pour désintéresser le plus grand nombre de ses créanciers, et si médiocre que soit l'héritage que je vous laisserai, vous ne serez pas tout à fait réduites à la misère. Dieu est bon de m'avoir ramenée des portes du tombeau ; car c'eût été pour moi une grande douleur de vous sentir seules sur la terre, sans asile et sans ressources. Je me repentais presque, lorsque je pensais à toutes les privations que vous auriez à subir, à tous les dangers auxquels vous seriez exposées, je me repentais presque d'avoir sacrifié ce que je possédais pour faire honneur aux engagements pris par votre père.

ARMANDE.

Oh ! ne vous en repentez pas, bonne maman, ne vous en repentez jamais ; car vous avez rempli avec une générosité admirable le dernier vœu de notre père. Je me rappelle que ce qui l'affligeait le plus pendant la courte maladie qui nous l'enleva, maladie que le chagrin d'une ruine complète et imméritée lui avait causée, c'était bien moins la pensée de nous laisser pauvres que la crainte de ne pouvoir nous léguer un nom sans tache.

Mme LORMOY.

Je me le rappelle aussi, mon enfant, et je crois entendre encore ses remerciements, lorsque je lui promis de tout sacrifier plutôt que de laisser peser sur sa mémoire l'accusation qu'il redoutait tant, accusation que personne toutefois n'eût portée; car la probité de votre père était connue. Quand la faillite qui le ruina fut annoncée, chacun prit part à son malheur. Ses créanciers eux-mêmes lui offrirent du temps pour s'acquitter envers eux; mais le coup qu'il avait reçu avait été si terrible, que les témoignages de sympathie dont on l'entoura ne servirent qu'à rendre moins douloureux ses derniers instants.

LÉONIE.

Éloignons le souvenir de ces tristes scènes, je vous en prie, bonne maman; le jour où vous nous êtes rendue doit être pour nous un jour de joie.

ARMANDE.

Ma sœur a raison: oublions le passé pour nous réjouir du présent.

LÉONIE.

Et nous occuper de l'avenir. Nous vous ferons, malgré notre pauvreté, la vie douce et heureuse, chère maman. Si parfois nous nous sentons tristes et près de perdre courage, nous nous rappellerons combien nous étions à plaindre quand nous tremblions pour vous; et, au lieu de murmurer contre notre sort, nous sentirons notre cœur plein de reconnaissance.

ARMANDE.

Puis nous accourrons auprès de vous, nous

vous demanderons un baiser et nous serons consolées.

Mme LORMOY.

Chères enfants !... (*Elle les embrasse.*) Plus vous me paraissez dignes de la belle position que je croyais devoir être votre partage, plus je regrette qu'elle vous soit ravie.

ARMANDE.

Chaque médaille a son revers, chaque position, ses ennuis, et quand on se trouve heureux, bonne maman, on l'est.

Mme LORMOY.

Ce que tu dis là est bien vrai, ma fille. Oui, vous pourrez être aussi heureuses dans votre obscurité, dans votre pauvreté, que vous le seriez au sein de la richesse et des honneurs ; mais vous n'avez pas été habituées au travail qui devra remplir tous vos instants, à la vie humble et modeste qu'il vous faudra mener.

LÉONIE, *gaiement.*

Eh bien ! bonne maman, tout ce qui est nouveau plaît, vous le savez ; donc ce travail et cette vie paisible nous plairont beaucoup, et quand ils n'auront plus pour nous le charme de la nouveauté, l'habitude nous en aura fait une seconde nature.

ARMANDE, *lui prenant la main.*

Chère Léonie!... Vous voyez, grand'maman, qu'il ne faut pas du tout vous inquiéter de l'avenir.

Mme LORMOY.

Que Dieu soit loué de vous avoir donné tant de courage et de bonne volonté.

SCÈNE VIII.

LES MÊMES, JUSTINE.

JUSTINE.

Enfin! Que je suis contente, madame, de vous voir en pleine convalescence! Comment vous trouvez-vous depuis que vous êtes levée?

Mme LORMOY.

Bien, mon enfant, bien. Je m'étonnais de ne pas t'avoir encore vue; car toi aussi, tu m'as donné, pendant ma maladie, bien des preuves d'attachement. Je t'en remercie, ma fille.

JUSTINE.

Madame est trop bonne de l'avoir remarqué. Si je ne suis pas venue plus tôt m'informer de sa santé, c'est qu'en rentrant de mes commissions, j'ai fait du feu dans sa chambre. Le temps est un peu humide, et quand on a été malade...

ARMANDE.

Voyez, grand'maman, cette bonne Justine, qui devine mieux encore que nous ce qui vous est nécessaire. Voulez-vous que nous vous reconduisions chez vous ?

Mme LORMOY.

Oui, je vais rentrer; mais je resterai encore un peu près du feu, je ne me coucherai que dans deux heures.

LÉONIE.

Ce sera peut-être trop vous fatiguer, bonne maman?

Mme LORMOY.

Oh ! non, je suis forte, bien plus forte que je ne l'aurais cru. Et tenez, je vais regagner ma chambre, appuyée seulement sur le bras de Justine.

ARMANDE.

Ne voulez-vous pas que nous vous y accompagnions?

Mme LORMOY.

Vous ne m'avez pas encore quittée aujourd'hui, et je sais bien que vous avez à vous occuper de beaucoup de choses. D'ailleurs, je ne serai pas fâchée d'être un peu seule pour prier Dieu, qui m'a rendu la santé. Restez donc ici, mes enfants chéries, et n'ayez aucune inquiétude, je me sens bien, très-bien.

LÉONIE, *bas à Justine.*

N'as-tu rien à me dire ?

Mme LORMOY.

Allons, viens, Justine.

ARMANDE.

Je vais l'aider à vous conduire.

Mme LORMOY.

Soit, puisque tu le veux absolument.
(*Elle sort appuyée sur Justine et sur Armande.*)

SCENE IX.

LÉONIE, *seule.*

Justine ne m'a pas répondu, c'est qu'elle n'a pu réussir. La pauvre fille aurait été si contente de m'annoncer une bonne nouvelle, que je n'aurais pas même eu besoin de l'interroger. J'aurais bien vu dans ses yeux la joie du succès... Mais rien, rien... Et moi qui me réjouissais de dire à Armande : Prends quelque repos, ma bonne sœur; désormais nous serons deux pour travailler... Il me semble pourtant que ce petit tableau n'est pas tout à fait sans mérite, je l'ai soigné de mon mieux, et je croyais que mon cœur avait guidé mon pinceau... Je me suis trompée... Je ne me découragerai pas pourtant et une autre fois je réussirai mieux. Mais j'entends Justine. (*Elle appelle.*) Justine!...

SCÈNE X.

LÉONIE, JUSTINE.

JUSTINE.

Mademoiselle?

LÉONIE.

Un mot seulement. On n'a pas voulu de mon tableau.

JUSTINE.

Je savais bien ce que vous vouliez me demander, mademoiselle; mais...

LÉONIE.

Mais, comme tu n'as à me donner que de mauvaises nouvelles, tu préférais garder le silence.

JUSTINE.

Je voulais attendre qu'il me fût possible de vous en donner de bonnes.

LÉONTINE.

Tu as donc encore quelque espérance?

JUSTINE.

Certainement j'en ai. Parce que plus de dix brocanteurs que j'ai vus sont des imbéciles, il n'est pas dit que chacun leur ressemble. Allez, mademoiselle, j'ai fait une fière course, sans m'en apercevoir ; le dépit me donnait des jambes et plus il me semblait difficile de placer ce charmant petit tableau, que je trouve beau, mais beau à se mettre à genoux devant, plus je m'acharnais à y parvenir.

LÉONIE.

On ne le trouvait donc pas bien fait, qu'on refusait partout de te l'acheter?

JUSTINE.

Est-ce qu'on le regardait, seulement! Est-ce que ceux qui voulaient bien y jeter un coup d'œil se connaissent en peinture! Pas le moins du monde. J'entrais, je saluais, on me faisait bon accueil; mais sitôt que j'offrais mon tableau, le marchand qui m'avait souri d'une manière si aimable, prenait un air dédaigneux ou maussade et retournait à son travail, en me disant tout simplement : Il n'en faut pas. J'insistais, je lui vantais la beauté du paysage, je le priais de l'examiner, il me répétait la même phrase, et je crois, Dieu me pardonne, que si j'avais dit quelques mots encore, il m'aurait sans façon mise à la porte. C'était partout la même chose. Je n'en ai rencontré qu'un qui a bien voulu examiner le tableau. Ça n'est pas mal, a-t-il dit; mais le commerce ne va pas, et j'ai mes greniers encombrés de toiles qui valent cent fois mieux que celle-là. Pourtant, comme je ne voulais pas vous le rapporter, je lui ai dit, en deux mots, que la personne qui l'avait fait se contenterait du prix qu'il en voudrait offrir, que même elle ne demanderait d'en être payée que lorsque le tableau serait vendu, et je l'ai tant prié de le garder et de le mettre en montre qu'il y a consenti. Je l'ai aidé à le placer convenablement; aussi, quand je suis sortie de la boutique, j'ai admiré tout à mon aise ma belle ferme des Ormeaux, et je vous assure, mademoiselle, qu'il est impossible que ce tableau-là ne soit pas vendu d'ici à huit jours.

LÉONIE.

Tu veux me consoler et m'encourager, chère Justine?...

JUSTINE.

Moi, mademoiselle, je dis ce que je pense et voilà tout. Si vous voyiez comme il fait bon effet là, vous seriez de mon avis. Du reste, je vous promets d'y veiller, je passerai chaque jour, plutôt deux fois qu'une, devant l'étalage de mon marchand. Il m'a promis de vous faire prévenir s'il réussissait à le vendre, et je lui ai donné votre adresse; mais je me fie encore plus à mon exactitude qu'à la sienne. Ainsi, mademoiselle, soyez tranquille, tout ira bien.

LÉONIE.

Mais à supposer que nous trouvions à vendre celui-ci, cela ne nous avancera pas beaucoup.

JUSTINE.

Étourdie que je suis! j'oubliais de vous dire, mademoiselle, que le marchand m'a promis que si celui-ci trouve des amateurs, il vous en achètera d'autres. Chut! voici mademoiselle Armande.

SCÈNE XI.

LES MÊMES, ARMANDE.

ARMANDE.

Justine, tu vas retourner auprès de grand'maman, il ne faut pas qu'elle reste seule, j'irai bientôt t'y retrouver.

JUSTINE.

Comme vous êtes pâle, mademoiselle Armande, qu'avez-vous donc ?

ARMANDE.

Rien qui doive t'étonner, mon enfant. C'est aujourd'hui le quinze, et la portière vient de m'annoncer que tantôt elle m'apporterait la quittance de notre loyer.

LÉONIE.

Cinquante francs ! Comment se procurer cette somme ?

ARMANDE.

Il ne nous reste que trente francs.

JUSTINE.

Et je n'ai pas un centime. (*Bas.*) Si j'avais pensé à cela, je n'aurais pas acheté tant de bois.

LÉONIE.

Je n'ai rien non plus. Comment allons-nous faire ? Voyons, Armande, toi qui es si habile et si sage, tire-nous de ce mauvais pas.

ARMANDE.

J'avoue, ma bonne Léonie, que je ne sais où trouver l'argent qui nous manque. Je ne veux pas demander à mon magasin de broderie une avance sur mon travail, cela ne nous servirait de rien ; car il faut que nous subvenions aux dépenses de chaque jour ; puis nous aurons à payer le pharmacien et le médecin. Si Dieu ne daigne pas venir à notre aide, nous serons bien à plaindre.

LÉONIE.

Espérons, chère Armande, il n'abandonne personne.

ARMANDE.

Combien je serais heureuse de t'entendre parler ainsi, ma bonne sœur, sans ces cruelles préoccupations, combien je me féliciterais de voir quel changement s'est opéré en toi depuis quelques semaines !

LÉONIE.

Tu l'as donc remarqué ?

ARMANDE.

Peux-tu le demander ? (*Elle l'embrasse.*) Tu as raison, ma sœur, le bon Dieu n'abandonne pas des enfants qui veulent travailler pour leur mère, il nous fera trouver quelque ressource. Nous allons y penser : mais va, je t'en prie, Justine, retrouver grand'maman. (*Justine sort.*)

SCENE XII.

ARMANDE ET LÉONIE.

LÉONIE, *après un instant de silence.*

Cesse de t'inquiéter, Armande, ce soir tu auras de l'argent.

ARMANDE.

Chère Léonie ! tu veux t'imposer quelque sacrifice.

LÉONIE.

Combien as-tu de robes, Armande?

ARMANDE, *rougissant.*

Pourquoi cette question? Nous avons toujours été vêtues l'une comme l'autre.

LÉONIE.

Tu n'as plus que celle que tu portes. Il y a quinze jours que je le sais. Je cherchais dans ton armoire pour comparer ma robe de gros de Naples à la tienne, et j'ai trouvé ton armoire vide. Puisque nous avons toujours été vêtues l'une comme l'autre, je n'ai plus besoin que de celle-ci; Justine portera celles qui me sont inutiles où elle a porté les tiennes et nous paierons notre loyer.

ARMANDE.

Oh! non, je t'en prie, Léonie, n'en fais rien. Tu n'as pas été élevée à la campagne comme moi, il t'en coûterait de renoncer à tes fraîches parures d'autrefois.

LÉONIE.

Bah! voilà trois semaines que je n'ai pas quitté cette toilette; m'en as-tu trouvée plus triste? J'étais d'ailleurs bien décidée à garder cette robe tant que tu garderais la tienne. Il n'y a donc pas là le moindre sacrifice.

ARMANDE.

J'ai donc bien peu de courage, puisqu'il m'en coûte tant de te le laisser accomplir ?

LÉONIE, *souriant.*

C'est que tu es égoïste, ma sœur, c'est que tu veux pour toi seule la joie de laisser ignorer à notre aïeule dans quel état de gêne nous sommes tombées. Fi! c'est un bien vilain défaut que l'égoïsme, mademoiselle, et si vous tenez à ce que je vous le pardonne, il faut vous en corriger, et bien vite.

ARMANDE.

Soit donc, bonne et chère Léonie. Part à nous deux maintenant!...

LÉONIE.

A la bonne heure! Voilà ce qui s'appelle parler en sœur. Attends-moi donc un instant; je vais faire mon paquet. (*Elle sort.*)

SCÈNE XIII.

ARMANDE, *seule.*

Je ne me trompais pas; le changement le plus complet s'est opéré en elle. Quelle courageuse gaieté en face de la misère et comme la tendresse filiale lui rend légères les plus grandes privations! Que vous êtes bon, mon Dieu, de m'envoyer, au milieu de tant d'inquiétudes et de peines, la joie de voir Léonie devenir pour moi une compagne, une amie forte et dévouée, dont la tendresse et les exemples me soutiendront dans la route laborieuse ouverte devant moi !... Grand'maman a raison : quelles que soient les privations et les douleurs qui nous attendent, si nous nous restons, nous ne serons jamais malheureuses. (*On frappe à la porte.*) Qu'est-ce donc et qui peut frapper ici? Est-ce toi, Justine?

(*Elle va ouvrir.*)

SCÈNE XIV.

ARMANDE, Mme DUBREUIL.

Mme DUBREUIL.

Pardon, mademoiselle. C'est ici, m'a-t-on assuré, que reste madame Lormoy.

ARMANDE.

On ne vous a pas trompée, madame.

Mme DUBREUIL.

Me serait-il possible de la voir? J'aurais à lui demander quelques renseignements du plus grand intérêt pour moi.

ARMANDE.

Bonne maman vient de faire une longue maladie,

elle est encore très-faible; mais je ne doute pas, madame, qu'elle ne fasse tout ce qui dépendra d'elle pour vous être agréable. Veuillez vous asseoir, madame, je vais la prévenir de votre visite.

Mme DUBREUIL.

Ne prenez pas cette peine, mademoiselle; puisque vous êtes la petite-fille de madame Lormoy, vous pourrez mieux que personne m'apprendre ce que je désire savoir. Les renseignements que je voulais demander à votre aïeule sont relatifs à un petit tableau dont je viens de faire l'acquisition. C'est une vue prise en Bretagne, n'est-ce pas, mademoiselle?

ARMANDE.

J'ignore, madame, de quel tableau vous voulez me parler.

M DUBREUIL.

De celui que j'ai acheté cinquante écus, il y a une heure, chez le juif Éléazar, rue du Pot-de-Fer, à deux pas d'ici. En avez-vous donc beaucoup à vendre?

ARMANDE.

Je ne connais ni le juif Éléazar, ni aucun marchand de tableaux. Nous n'en avons pas vendu, nous n'en avons pas à vendre, et je crois, madame, que vous avez mal été informée du nom et de la demeure des personnes que vous souhaitez voir à ce sujet.

Mme DUBREUIL.

Encore une déception... (*A part.*) J'aurais été si heureuse si ce beau rêve se fût réalisé. (*Haut.*) Pardonnez-moi, mademoiselle, le dérangement que je vous ai causé; pardonnez-moi mon importunité ; car je donnerais la moitié de ce que je possède pour connaître l'origine de ce tableau, qui réveille en moi tant de souvenirs.

(*Elle salue et va sortir.*)

SCÈNE XV.

LES MÊMES, LÉONIE.

LÉONIE, *entrant.*

Ah! une dame que je ne connais pas... (*Elle salue et dépose sur une chaise les robes qu'elle vient de chercher.*)

Mme DUBREUIL, *à Armande en montrant Léonie.*

Mademoiselle est votre sœur?

ARMANDE.

Oui, madame.

Mme DUBREUIL.

En ce cas, il est inutile que je m'adresse à elle. Ce tableau lui est inconnu.

LÉONIE, *bas.*

Un tableau !... S'il s'agissait du mien! (*Haut.*) Pardon, madame, quoique je sois peu habile en peinture, j'aime beaucoup les tableaux, et si je pouvais...

Mme DUBREUIL.

Voici le fait, mademoiselle : je viens d'acheter un petit tableau, représentant la ferme et le château des Ormeaux.

ARMANDE.

Le château des Ormeaux !

LÉONIE, *bas.*

C'est le mien !...

Mme DUBREUIL.

Cette ferme et ce château ont appartenu à ma famille. C'est là que mon enfance s'est écoulée, et quand je quittai la France, il y a vingt-cinq ans pour suivre mon mari, capitaine au long cours, ces biens restèrent à mon frère, que j'espérais retrouver, il y a six mois, heureux au pays où je l'avais laissé. J'y courus, mais mon frère était mort, et l'on ne savait pas ce qu'étaient devenus ses enfants. Depuis ce jour je n'ai rien épargné pour découvrir le lieu de leur retraite. Mes recherches ont été vaines, et je commençais à douter du succès quand le hasard m'a fait découvrir, dans l'étalage d'un marchand de vieux tableaux, une petite toile représentant, à ne pouvoir s'y méprendre, ce riant séjour de mes jeunes années.

LÉONIE.

Ce tableau, madame, c'est moi qui l'ai fait.

ARMANDE.

Toi?

LÉONIE.

Ne m'avais-tu pas donné l'exemple du travail?

Mme DUBREUIL.

Vous avez donc habité ce pays, mademoiselle?

LÉONIE.

Comme la vôtre, madame, notre enfance s'y est écoulée. Il n'y a que deux ans que les Ormeaux ne nous appartiennent plus.

ARMANDE.

Depuis qu'une faillite ruina notre père et le conduisit au tombeau.

Mme DUBREUIL.

Son nom, je vous en prie, son nom.

SCÈNE XVI.

LES MÊMES, Mme LORMOY, JUSTINE.

Mme LORMOY.

Leur père se nommait Charles Tercigny. Madame Dubreuil, embrassez vos nièces.

ARMANDE et LÉONIE.

Ma tante!... (*Elles s'embrassent.*)

Mme LORMOY.

Instruite de la présence d'une étrangère, je venais la recevoir, j'ai saisi quelques mots de votre conversation et je me rappelle bien, moi, avoir plus d'une fois entendu Charles parler de sa bonne sœur.

Mme DUBREUIL.

Il ne m'avait donc pas oubliée...

Mme LORMOY.

Il vous a bien souvent pleurée; car il vous croyait morte, et près de quitter la vie, il regrettait de ne pouvoir vous confier ses enfants.

Mme DUBREUIL.

Grâce à Dieu, je les ai retrouvées, combien je vais les aimer!

Mme LORMOY.

Elles en sont dignes, madame. Car c'est leur dévouement, leur courage, leur amour pour moi qui leur rendent en vous aujourd'hui une seconde mère. Ce tableau, Léonie y a travaillé nuit et jour pour ne pas laisser à sa sœur le soin de subvenir seule aux dépenses de ma longue maladie.

ARMANDE.

Et elle allait, en attendant le produit de ce travail dont elle s'était occupée en secret, vendre toutes ses robes pour acquitter le prix de notre loyer.

LÉONIE.

Parce qu'Armande n'en avait plus à vendre.

Mme LORMOY.

Mes enfants bien-aimées!..... (*Elle les embrasse.*)

Mme DUBREUIL.

Quand on a si noblement supporté la misère, on use dignement de la fortune. La mienne vous appartient. J'étais seule au monde, j'aurai deux filles.

ARMANDE, *prenant Justine par la main.*

Vous en aurez trois, ma tante; car Léonie et

moi nous vous en prierons. De nous toutes, c'est Justine, peut-être, qui a été la plus courageuse et la plus dévouée.

LÉONIE.

C'est grâce à Justine que nous sommes réunies, ma tante : c'est elle qui a placé mon tableau.

JUSTINE.

Oh ! mesdemoiselles, vous me rendez toute confuse. Je n'ai pas mérité...

ARMANDE.

Et les commissions que tu faisais... et le ménage de la dame du second... et l'argent que tu économisais pour acheter en cachette de l'eau, du charbon ou du bois...

JUSTINE.

Quoi ! vous saviez ?...

ARMANDE.

Je savais tout. Résigne-toi donc à ton nouveau sort.

Mme LORMOY.

Et nous, madame, réjouissons-nous ; il est bien doux d'être aimées d'aussi nobles cœurs...

Mme DUBREUIL.

Et plus doux encore de pouvoir se dire : Celles qui m'aiment ainsi seront heureuses; car la vertu est le plus sûr garant du bonheur.

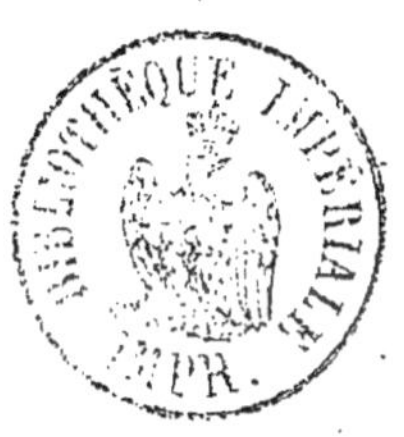

FIN.

TABLE

DES PIÈCES CONTENUES DANS CE VOLUME.

L'Orgueilleuse.................................... 1

Le Testament de l'Oncle........................... 33

L'Amour filial.................................... 71

La Double Épreuve................................. 115

Une Bonne Action porte bonheur.................... 167

Le Tableau.. 217

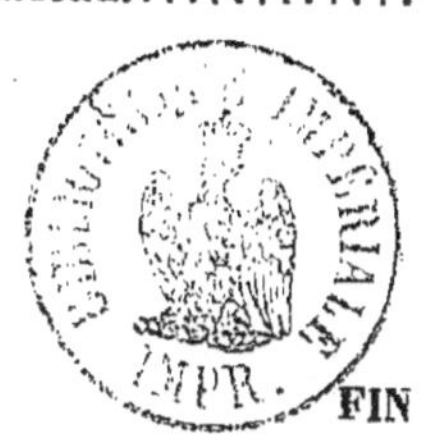

FIN DE LA TABLE.

Corbeil, typ. et stér. de Crété.

www.ingramcontent.com/pod-product-compliance
Lightning Source LLC
LaVergne TN
LVHW010551110826
845149LV00003B/631
9782019165772